国有土地使用权出让规范

国土资源部土地利用管理司 编

中国财政经济出版社

图书在版编目（CIP）数据

国有土地使用权出让规范/国土资源部土地利用管理司编．—北京：中国财政经济出版社，2006.7

ISBN 7－5005－9176－4

Ⅰ.国…　Ⅱ.国…　Ⅲ.国有土地－土地使用权－规范－汇编－中国　Ⅳ.F321.1－65

中国版本图书馆 CIP 数据核字（2006）第 067160 号

中国财政经济出版社 出版

URL：http：//www.cfeph.cn

E－mail：cfeph @ cfeph.cn

社址：北京市海淀区阜成路甲 28 号　邮政编码：100036

发行处电话：88190406　财经书店电话：64033436

北京财经印刷厂印刷　各地新华书店经销

850×1168 毫米　32 开　6.375 印张　155 000 字

2006 年 6月第 1 版　2006 年12月北京第 2 次印刷

印数:20061—23 060　定价：22.00 元

ISBN 7－5005－9176－4/D·0286

（图书出现印装问题，本社负责调换）

编写说明

当历史进入21世纪，就注定了土地、土地政策与土地资源市场配置制度要在中国经济社会发展进程中扮演重要角色。且不说土地如何承载了我国的社会经济发展，土地政策如何参与宏观调控，单是土地资源的市场化配置制度，就已是引起社会广为关注的关键词。

事实上，当人们细心考察我国的土地政策，切身感受土地资产管理的现实的时候，不难发现，各项政策和管理实践都离不开土地市场配置制度这一基本框架。在这一制度框架下，有哪些政策规定，有哪些操作规范，是每个从事国有土地资产管理的干部和关注土地资源市场配置制度的专家、学者所需要掌握和了解的。因此，我们编著了这本《国有土地使用权出让规范》。

本书在逻辑结构上分为两个部分。1～7为国有土地使用权出让的操作规范，主要包括招标拍卖挂牌和协议出让国有土地使用权规范及其说明、国有土地使用权出让合同和出让合同补充协议示范文本及其说明。8～17为国有土地有偿使用的政策规定，包括国务院、中央纪委和国土资源部发布的涉及国有土地有偿使用特别是招标拍卖挂牌出让、协议出让、国有土地租赁等方面的政策性文件和纪律规定。

本书有三个特点：一是新颖。收录了国有土地有偿使用和土地资产管理方面的最新政策。二是全面。包括了1999年以来国有土地出让、租赁、企业改制土地资产处置等政策规范。三是操作性强。本书是土地利用管理人员的必备工具书和操作指南，是土地招标拍卖挂牌主持人考试用书和操作手册，是土地使用者了解政府土地出让政策和运作程序的窗口。

本书主要编写人员有：廖永林、冷宏志、岳晓武、雷爱先、高永、谢量雄、宋玉波、黄启才、潘光明、涂高坤、吴迪、王联珠、牟傲风、叶卫东、钟松钇、林立淼、申亮、陈梅英、周旭、沈飞、张昉。

参加编写人员还有（以姓氏笔画为序）：于世专、马尚、王薇、车长志、邓岳方、叶元蓬、叶东、任钊洪、关文荣、刘显祺、张祥元、刘瑞平、朱育德、闫洪溪、严政、吴永高、吴海洋、张万中、张英奇、李延荣、李晓娟、李晓斌、束克欣、杨玉芳、杨江正、肖建军、陈永真、陈国庆、林君衡、罗演广、祝军、胡立兵、胡红兵、赵春华、郝吉虎、高志云、徐建设、秦水龙、钱龙根、梁红、黄文波、韩建国、韩洪伟、靳薇、潘洪嵩、魏成、魏莉华。

由于时间仓促，加之编者水平所限，疏漏错误之处，还望读者指正。

编　者

2006年6月6日于北京

目 录

招标拍卖挂牌出让国有土地使用权规范

（试　　行）

2006 年 5 月 31 日发布　　2006 年 8 月 1 日实施

中华人民共和国国土资源部　发布

目　次

前 言

为完善国有土地使用权出让制度，规范国有土地使用权招标拍卖挂牌出让行为，统一程序和标准，优化土地资源配置，推进土地市场建设，根据《中华人民共和国土地管理法》、《中华人民共和国城市房地产管理法》、《中华人民共和国城镇国有土地使用权出让和转让暂行条例》、《招标拍卖挂牌出让国有土地使用权规定》等规定，制定本规范。

本规范的附录 B 为招标拍卖挂牌出让公告应当使用的文本格式，附录 A、附录 C、附录 D、附录 E、附录 F、附录 G、附录 H、附录 I、附录 J 为招标拍卖挂牌出让活动中所需其他文本的示范格式。

本规范由国土资源部提出并归口。

本规范起草单位：国土资源部土地利用管理司、国土资源部土地整理中心、辽宁省国土资源厅、江苏省国土资源厅、福建省国土资源厅、山东省国土资源厅、广东省国土资源厅、深圳市国土资源和房产管理局。

本规范主要起草人员：廖永林、冷宏志、岳晓武、雷爱先、高永、谢量雄、宋玉波、黄启才、潘光明、涂高坤、王联珠、牟傲风、叶卫东、钟松钇、林立淼、申亮、陈梅英、周旭、沈飞、张昉。

本规范参加起草人员（以姓氏笔画为序）：于世专、马尚、王薇、车长志、邓岳方、叶元蓬、叶东、任钊洪、关文荣、刘显祺、刘祥元、刘瑞平、朱育德、闫洪溪、严政、吴永高、吴迪、吴海洋、张万中、张英奇、李延荣、李晓娟、李晓斌、束克欣、杨玉芳、杨江正、肖建军、陈永真、陈国庆、林君衡、罗演广、祝军、胡立兵、胡红兵、赵春华、郝吉虎、高志云、徐建设、秦水龙、钱友根、梁红、黄文波、韩建国、韩洪伟、靳薇、潘洪嵩、魏成、魏莉华。

本规范由国土资源部负责解释。

1 适用范围

在中华人民共和国境内以招标、拍卖或者挂牌方式出让国有土地使用权，适用本规范；以招标、拍卖或者挂牌方式租赁国有土地使用权、出让国有土地他项权利，参照本规范执行。

以招标、拍卖或者挂牌方式转让国有土地使用权，以及依法以招标、拍卖或者挂牌方式流转农民集体建设用地使用权，可参照本规范执行。

2 引用的标准和文件

下列标准和文件所包含的条文，通过在本规范中引用而构成本规范的条文。本规范颁布时，所示版本均为有效。使用本规范的各方应使用下列各标准和文件的最新版本。

GB/T 18508—2001 《城镇土地估价规程》

国土资发［2000］303 号 《国有土地使用权出让合同示范文本》

国土资发［2001］255 号 《全国土地分类》

国土资发［2004］232 号 《工业建设项目用地控制指标》

3 依　　据

(1)《中华人民共和国土地管理法》;

(2)《中华人民共和国城市房地产管理法》;

(3)《中华人民共和国城市规划法》;

(4)《中华人民共和国行政许可法》;

(5)《中华人民共和国合同法》;

(6)《中华人民共和国城镇国有土地使用权出让和转让暂行条例》;

(7)《建立健全教育、制度、监督并重的惩治和预防腐败体系实施纲要》(中发［2005］3号);

(8)《国务院关于加强国有土地资产管理的通知》(国发［2001］15号);

(9)《国务院关于深化改革严格土地管理的决定》(国发［2004］28号);

(10)《中共中央纪委监察部关于领导干部利用职权违反规定干预和插手建设工程招投标、经营性土地使用权出让、房地产开发与经营等市场经济活动,为个人和亲友谋取私利的处理规定》(中纪发［2004］3号);

(11)《招标拍卖挂牌出让国有土地使用权规定》(国土资源部令第11号)。

4 总　　则

4.1 招标拍卖挂牌出让国有土地使用权内涵

本规范所称招标出让国有土地使用权，是指市、县国土资源管理部门发布招标公告或者发出投标邀请书，邀请特定或者不特定的法人、自然人和其他组织参加国有土地使用权投标，根据投标结果确定土地使用者的行为。

本规范所称拍卖出让国有土地使用权，是指市、县国土资源管理部门发布拍卖公告，由竞买人在指定时间、地点进行公开竞价，根据出价结果确定土地使用者的行为。

本规范所称挂牌出让国有土地使用权，是指市、县国土资源管理部门发布挂牌公告，按公告规定的期限将拟出让宗地的交易条件在指定的土地交易场所挂牌公布，接受竞买人的报价申请并更新挂牌价格，根据挂牌期限截止时的出价结果或现场竞价结果确定土地使用者的行为。

4.2 招标拍卖挂牌出让国有土地使用权原则

（1）公开、公平、公正；

（2）诚实信用。

4.3 招标拍卖挂牌出让国有土地使用权范围

(1) 供应商业、旅游、娱乐和商品住宅等各类经营性用地以及有竞争要求的工业用地；

(2) 其他土地供地计划公布后同一宗地有两个或者两个以上意向用地者的；

(3) 划拨土地使用权改变用途，《国有土地划拨决定书》或法律、法规、行政规定等明确应当收回土地使用权，实行招标拍卖挂牌出让的；

(4) 划拨土地使用权转让，《国有土地划拨决定书》或法律、法规、行政规定等明确应当收回土地使用权，实行招标拍卖挂牌出让的；

(5) 出让土地使用权改变用途，《国有土地使用权出让合同》约定或法律、法规、行政规定等明确应当收回土地使用权，实行招标拍卖挂牌出让的；

(6) 法律、法规、行政规定明确应当招标拍卖挂牌出让的其他情形。

4.4 招标拍卖挂牌出让国有土地使用权组织实施

4.4.1 实施主体

国有土地使用权招标拍卖挂牌出让由市、县国土资源管理部门组织实施。

4.4.2 组织方式

市、县国土资源管理部门实施招标拍卖挂牌出让国有土地使用权活动，可以根据实际情况选择以下方式：

（1）市、县国土资源管理部门自行办理；

（2）市、县国土资源管理部门指定或授权下属事业单位具体承办；

（3）市、县国土资源管理部门委托具有相应资质的交易代理中介机构承办。

4.4.3 协调决策机构

国有土地使用权出让实行集体决策。市、县国土资源管理部门根据实际情况，可以成立国有土地使用权出让协调决策机构，负责协调解决出让中的相关问题，集体确定有关事项。

4.4.4 土地招标拍卖挂牌主持人

国有土地使用权招标拍卖挂牌出让活动，应当由符合国土资源部确定的土地招标拍卖挂牌主持人条件并取得资格的人员主持进行。

4.4.5 招标拍卖挂牌出让程序

（1）公布出让计划，确定供地方式；

（2）编制、确定出让方案；

（3）地价评估，确定出让底价；

（4）编制出让文件；

（5）发布出让公告；

（6）申请和资格审查；

（7）招标拍卖挂牌活动实施；

（8）签订出让合同，公布出让结果；

（9）核发《建设用地批准书》，交付土地；

（10）办理土地登记；

（11）资料归档。

4.5 地方补充规定

地方可对本规范做出补充规定或实施细则，并报上一级国土资源管理部门备案。

5 公布出让计划，确定供地方式

5.1 市、县国土资源管理部门应当将经批准的国有土地使用权出让计划向社会公布。有条件的地方可以根据供地进度安排，分阶段将国有土地使用权出让计划细化落实到地段、地块，并将相关信息及时向社会公布。国有土地使用权出让计划以及细化的地段、地块信息应当同时在中国土地市场网（www.landchina.com）上公布。

5.2 市、县国土资源管理部门公布国有土地使用权出让计划、细化的地段、地块信息，应当同时明确用地者申请用地的途径和方式，公开接受用地申请。

5.3 需要使用土地的单位和个人（以下简称意向用地者）应当根据公布的国有土地使用权出让计划、细化的地段、地块信息以及自身用地需求，向市、县国土资源管理部门提出用地申请。

5.4 用地预申请

为充分了解市场需求情况，科学合理安排供地规模和进度，有条件的地方，可以建立用地预申请制度。单位和个人对列入招标拍卖挂牌出让计划内的具体地块有使用意向的，可以提出用地预申请，并承诺愿意支付的土地价格。市、县国土资源管理部门认为其承诺的土地价格和条件可以接受的，应当根据土地出让计划和土地市场情况，适时组织实施招标拍卖挂牌出让活动，并通知提出该宗地用地预申请的单位或个人参加。提出用地预申请的单位、个人，应当参加该宗地竞投或竞买，且报价不得低于其承诺的土地价格。

5.5 根据意向用地者申请情况，符合4.3规定条件的土地使用权出让，应当采取招标拍卖挂牌方式。对不能确定是否符合4.3规定条件的具体宗地，可由国有土地使用权出让协调决策机构集体认定。

对具有综合目标或特定社会、公益建设条件、开发建设要求较高、仅有少数单位和个人可能有受让意向的土地使用权出让，可以采取招标方式，按照综合条件最佳者得的原则确定受让人；其他的土地使用权出让，应当采取招标、拍卖或挂牌方式，按照价高者得的原则确定受让人。

采用招标方式出让国有土地使用权的，应当采取公开招标方式。对土地使用者有严格的限制和特别要求的，可以采用邀请招标方式。

6 编制、确定出让方案

6.1 编制招标拍卖挂牌出让方案

市、县国土资源管理部门应当会同城市规划管理等有关部门，依据国有土地使用权出让计划、城市规划等，编制国有土地使用权招标拍卖挂牌出让方案。

国有土地使用权招标拍卖挂牌出让方案应当包括：拟出让地块的具体位置、四至、用途、面积、年限、土地使用条件、供地时间、供地方式、建设时间等。属于综合用地的，应明确各类具体用途、所占面积及其各自的出让年期。对于各用途不动产之间可以分割，最终使用者为不同单位、个人的，应当按照综合用地所包含的具体土地用途分别确定出让年期；对于多种用途很难分割、最终使用者唯一的，也可以统一按照综合用地最高出让年限50年确定出让年期。

6.2 招标拍卖挂牌出让方案报批

国有土地使用权招标拍卖挂牌出让方案应按规定报市、县人民政府批准。

7 地价评估，确定出让底价

7.1 地价评估

市、县国土资源管理部门应当根据拟出让地块的条件和土地市场情况，依据《城镇土地估价规程》，组织对拟出让地块的正常土地市场价格进行评估。

地价评估由市、县国土资源管理部门或其所属事业单位组织进行，根据需要也可以委托具有土地估价资质的土地或不动产评估机构进行。

7.2　确定底价

有底价出让的，市、县国土资源管理部门或国有土地使用权出让协调决策机构应当根据土地估价结果、产业政策和土地市场情况等，集体决策，综合确定出让底价和投标、竞买保证金。招标出让的，应当同时确定标底；拍卖和挂牌出让的，应当同时确定起叫价、起始价等。

标底、底价确定后，在出让活动结束之前应当保密，任何单位和个人不得泄露。

8　编制出让文件

市、县国土资源管理部门应当根据经批准的招标拍卖挂牌出让方案，组织编制国有土地使用权招标拍卖挂牌出让文件。

8.1　招标出让文件应当包括：

(1) 招标出让公告或投标邀请书；
(2) 招标出让须知；
(3) 标书；
(4) 投标申请书；
(5) 宗地界址图；

（6）宗地规划指标要求；
（7）中标通知书；
（8）国有土地使用权出让合同；
（9）其他相关文件。

8.2 拍卖出让文件应当包括：

（1）拍卖出让公告；
（2）拍卖出让须知；
（3）竞买申请书；
（4）宗地界址图；
（5）宗地规划指标要求；
（6）成交确认书；
（7）国有土地使用权出让合同；
（8）其他相关文件。

8.3 挂牌出让文件应当包括：

（1）挂牌出让公告；
（2）挂牌出让须知；
（3）竞买申请书；
（4）挂牌竞买报价单；
（5）宗地界址图；
（6）宗地规划指标要求；
（7）成交确认书；
（8）国有土地使用权出让合同；
（9）其他相关文件。

9 发布出让公告

9.1 发布公告

国有土地使用权招标拍卖挂牌出让公告应当由市、县国土资源管理部门发布。出让公告应当通过中国土地市场网和当地土地有形市场发布，也可同时通过报刊、电视台等媒体公开发布。

出让公告应当至少在招标拍卖挂牌活动开始前20日发布，以首次发布的时间为起始日。

经批准的出让方案已明确招标、拍卖、挂牌具体方式的，应当发布具体的“国有土地使用权招标出让公告”、“国有土地使用权拍卖出让公告”或“国有土地使用权挂牌出让公告”；经批准的出让方案未明确招标、拍卖、挂牌具体方式的，可以发布“国有土地使用权公开出让公告”，发布公开出让公告的，应当明确根据申请截止时的申请情况确定具体的招标、拍卖或挂牌方式。

出让公告可以是单宗地的公告，也可以是多宗地的联合公告。

9.2 公告内容

9.2.1 招标出让公告应当包括以下内容：

(1) 出让人的名称、地址、联系电话等，授权或指定下属事业单位以及委托代理机构进行招标的，还应注明其机构的名称、地址和联系电话等；

（2）招标地块的位置、面积、用途、开发程度、规划指标要求、土地使用年限和建设时间等；

（3）投标人的资格要求及申请取得投标资格的办法；

（4）获取招标文件的时间、地点及方式；

（5）招标活动实施时间、地点，投标期限、地点和方式等；

（6）确定中标人的标准和方法；

（7）支付投标保证金的数额、方式和期限；

（8）其他需要公告的事项。

9.2.2 拍卖出让公告应当包括以下内容：

（1）出让人的名称、地址、联系电话等，授权或指定下属事业单位以及委托代理机构进行拍卖的，还应注明其名称、地址和联系电话等；

（2）拍卖地块的位置、面积、用途、开发程度、规划指标要求、土地使用年限和建设时间等；

（3）竞买人的资格要求及申请取得竞买资格的办法；

（4）获取拍卖文件的时间、地点及方式；

（5）拍卖会的地点、时间和竞价方式；

（6）支付竞买保证金的数额、方式和期限；

（7）其他需要公告的事项。

9.2.3 挂牌出让公告应当包括以下内容：

（1）出让人的名称、地址、联系电话等，授权或指定下属事业单位以及委托代理机构进行挂牌的，还应注明其机构名称、地址和联系电话等；

（2）挂牌地块的位置、面积、用途、开发程度、规划指标要求、土地使用年限和建设时间等；

（3）竞买人的资格要求及申请取得竞买资格的办法；

（4）获取挂牌文件的时间、地点及方式；

（5）挂牌地点和起止时间；

（6）支付竞买保证金的数额、方式和期限；

（7）其他需要公告的事项。

9.3 公告调整

公告期间，出让公告内容发生变化的，市、县国土资源管理部门应当按原公告发布渠道及时发布补充公告。涉及土地使用条件变更等影响土地价格的重大变动，补充公告发布时间距招标拍卖挂牌活动开始时间少于20日的，招标拍卖挂牌活动相应顺延。

发布补充公告的，市、县国土资源管理部门应当书面通知已报名的申请人。

10 申请和资格审查

10.1 申请人

国有土地使用权招标拍卖挂牌出让的申请人，可以是中华人民共和国境内外的法人、自然人和其他组织，但法律法规对申请人另有限制的除外。

申请人可以单独申请，也可以联合申请。

10.2 申　　请

申请人应在公告规定期限内交纳出让公告规定的投标、竞买保证金，并根据申请人类型，持相应文件向出让人提出竞买、竞投申请：

(1) 法人申请的，应提交下列文件：

①申请书；

②法人单位有效证明文件；

③法定代表人的有效身份证明文件；

④申请人委托他人办理的，应提交授权委托书及委托代理人的有效身份证明文件；

⑤保证金交纳凭证；

⑥招标拍卖挂牌文件规定需要提交的其他文件。

(2) 自然人申请的，应提交下列文件：

①申请书；

②申请人有效身份证明文件；

③申请人委托他人办理的，应提交授权委托书及委托代理人的身份证明文件；

④保证金交纳凭证；

⑤招标拍卖挂牌文件规定需要提交的其他文件。

(3) 其他组织申请的，应提交下列文件：

①申请书；

②表明该组织合法存在的文件或有效证明；

③表明该组织负责人身份的有效证明文件；

④申请人委托他人办理的，应提交授权委托书及委托代理人的身份证明文件；

⑤保证金交纳凭证；

⑥招标拍卖挂牌文件规定需要提交的其他文件。

(4) 境外申请人申请的，应提交下列文件：

①申请书；

②境外法人、自然人、其他组织的有效身份证明文件；

③申请人委托他人办理的，应提交授权委托书及委托代理人的有效身份证明文件；

④保证金交纳凭证；

⑤招标拍卖挂牌文件规定需要提交的其他文件。

上述文件中，申请书必须用中文书写，其他文件可以使用其他语言，但必须附中文译本，所有文件的解释以中文译本为准。

(5) 联合申请的，应提交下列文件：

①联合申请各方共同签署的申请书；

②联合申请各方的有效身份证明文件；

③联合竞买、竞投协议，协议要规定联合各方的权利、义务，包括联合各方的出资比例，并明确签订《国有土地使用权出让合同》时的受让人；

④申请人委托他人办理的，应提交授权委托书及委托代理人的有效身份证明文件；

⑤保证金交纳凭证；

⑥招标拍卖挂牌文件规定需要提交的其他文件。

(6) 申请人竞得土地后，拟成立新公司进行开发建设的，应在申请书中明确新公司的出资构成、成立时间等内容。出让人可以根据招标拍卖挂牌出让结果，先与竞得人签订《国有土地使用权出让合同》，在竞得人按约定办理完新公司注册登记手续后，再与新公司签订《国有土地使用权出让合同变更协议》；也可按约定直接与新公司签订《国有土地使用权出让合同》。

10.3 受理申请及资格审查

出让人应当对出让公告规定的时间内收到的申请进行审查。经审查，有下列情形之一的，为无效申请：

（1）申请人不具备竞买资格的；

（2）未按规定交纳保证金的；

（3）申请文件不齐全或不符合规定的；

（4）委托他人代理但委托文件不齐全或不符合规定的；

（5）法律法规规定的其他情形。

经审查，符合规定条件的，应当确认申请人的投标或竞买资格，并通知其参加招标拍卖挂牌活动。采用招标或拍卖方式的，取得投标或竞买资格者不得少于3个。

10.4 出让人应当对申请人的情况进行保密。

10.5 申请人对招标拍卖挂牌文件有疑问的，可以书面或者口头方式向出让人咨询，出让人应当为申请人咨询以及查询出让地块有关情况提供便利。根据需要，出让人可以组织申请人对拟出让地块进行现场踏勘。

11 招标拍卖挂牌活动实施——招标

11.1 投　标

市、县国土资源管理部门应当按照出让公告规定的时间、地点组织招标投标活动。投标活动应当由土地招标拍卖挂牌主持人主持进行。

投标开始前，招标主持人应当现场组织开启标箱，检查标箱情况后加封。

投标人应当在规定的时间将标书及其他文件送达指定的投标地点，经招标人登记后，将标书投入标箱。

招标公告允许邮寄投标文件的，投标人可以邮寄，但以招标人在投标截止时间前收到的方为有效。招标人登记后，负责在投标截止时间前将标书投入标箱。

投标人投标后，不可撤回投标文件，并对投标文件和有关书面承诺承担责任。投标人可以对已提交的投标文件进行补充说明，但应在招标文件要求提交投标文件的截止时间前书面通知招标人并将补充文件送达至投标地点。

11.2　开　　标

招标人按照招标出让公告规定的时间、地点开标，邀请所有投标人参加。开标应当由土地招标拍卖挂牌主持人主持进行。招标主持人邀请投标人或其推选的代表检查标箱的密封情况，当众开启标箱。

标箱开启后，招标主持人应当组织逐一检查标箱内的投标文件，经确认无误后，由工作人员当众拆封，宣读投标人名称、投标价格和投标文件的其他主要内容。

开标过程应当记录。

11.3　评　　标

按照价高者得的原则确定中标人的，可以不成立评标小组。按照综合条件最佳者得的原则确定中标人的，招标人应当成立评标小组进行评标。

11.3.1 评标小组由出让人、有关专家组成，成员人数为5人以上的单数。有条件的地方，可建立土地评标专家库，每次评标前随机从专家库中抽取评标小组专家成员。

11.3.2 招标人应当采取必要的措施，保证评标在严格保密的情况下进行。

11.3.3 评标小组可以要求投标人对投标文件中含义不明确的内容做出必要的澄清或者说明，但澄清或者说明不得超出投标文件的范围或者改变投标文件的实质性内容。

11.3.4 评标小组对投标文件进行有效性审查。有下列情形之一的，为无效投标文件：

(1) 投标文件未密封的；

(2) 投标文件未加盖投标人印鉴，也未经法定代表人签署的；

(3) 投标文件不齐备、内容不全或不符合规定的；

(4) 投标人对同一个标的有两个或两个以上报价的；

(5) 委托投标但委托文件不齐全或不符合规定的；

(6) 评标小组认为投标文件无效的其他情形。

11.3.5 评标要求

评标小组应当按照招标文件确定的评标标准和方法，对投标文件进行综合评分，根据综合评分结果确定中标候选人。

评标小组应当根据评标结果，按照综合评分高低确定中标候选人排序，但低于底价或标底者除外。同时有两个或两个以上申请人的综合评分相同的，按报价高低排名，报价也相同的，可以由综合评分相同的申请人通过现场竞价确定排名顺序。投标人的投标价均低于底价或投标条件均不能够满足标底要求的，投标活动终止。

11.4 定　标

招标人应当根据评标小组推荐的中标候选人确定中标人。招标人也可以授权评标小组直接确定中标人。

按照价高者得的原则确定中标人的，由招标主持人根据开标结果，直接宣布报价最高且不低于底价者为中标人。有两个或两个以上申请人的报价相同且同为最高报价的，可以由相同报价的申请人在限定时间内再行报价，或者采取现场竞价方式确定中标人。

11.5 发出《中标通知书》

确定中标人后，招标人应当向中标人发出《中标通知书》，并同时将中标结果通知其他投标人。

《中标通知书》应包括招标人与中标人的名称，出让标的，成交时间、地点、价款，以及双方签订《国有土地使用权出让合同》的时间、地点等内容。

《中标通知书》对招标人和中标人具有法律效力，招标人改变中标结果，或者中标人不按约定签订《国有土地使用权出让合同》、放弃中标宗地的，应当承担法律责任。

12 招标拍卖挂牌活动实施——拍卖

12.1 市、县国土资源管理部门应当按照出让公告规定的时间、地点组织拍卖活动。拍卖活动应当由土地招标拍卖挂牌主持人主持进行。

12.2 拍卖会按下列程序进行：

(1) 拍卖主持人宣布拍卖会开始。

(2) 拍卖主持人宣布竞买人到场情况。设有底价的，出让人应当现场将密封的拍卖底价交给拍卖主持人，拍卖主持人现场开启密封件。

(3) 拍卖主持人介绍拍卖地块的位置、面积、用途、使用年限、规划指标要求、建设时间等。

(4) 拍卖主持人宣布竞价规则。拍卖主持人宣布拍卖宗地的起叫价、增价规则和增价幅度，并明确提示是否设有底价。在拍卖过程中，拍卖主持人可根据现场情况调整增价幅度。

(5) 拍卖主持人报出起叫价，宣布竞价开始。

(6) 竞买人举牌应价或者报价。

(7) 拍卖主持人确认该竞买人应价或者报价后继续竞价。

(8) 拍卖主持人连续三次宣布同一应价或报价而没有人再应价或出价，且该价格不低于底价的，拍卖主持人落槌表示拍卖成交，拍卖主持人宣布最高应价者为竞得人。成交结果对拍卖人、竞得人和出让人均具有法律效力。最高应价或报价低于底价的，拍卖主持人宣布拍卖终止。

12.3 签订《成交确认书》

确定竞得人后，拍卖人与竞得人当场签订《成交确认书》。拍卖人或竞得人不按规定签订《成交确认书》的，应当承担法律责任。竞得人拒绝签订《成交确认书》也不能对抗拍卖成交结果的法律效力。

《成交确认书》应包括拍卖人与竞得人的名称，出让标的，成交时间、地点、价款，以及双方签订《国有土地使用权出让合同》的时间、地点等内容。

《成交确认书》对拍卖人和竞得人具有法律效力，拍卖人改变拍卖结果的，或者竞得人不按约定签订《国有土地使用权出让合同》、放弃竞得宗地的，应当承担法律责任。

拍卖过程应当制作拍卖笔录。

13 招标拍卖挂牌活动实施——挂牌

市、县国土资源管理部门应当按照出让公告规定的时间、地点组织挂牌活动。挂牌活动应当由土地招标拍卖挂牌主持人主持进行。

13.1 公布挂牌信息

在挂牌公告规定的挂牌起始日，挂牌人将挂牌宗地的位置、面积、用途、使用年期、规划指标要求、起始价、增价规则及增价幅度等，在挂牌公告规定的土地交易地点挂牌公布。挂牌时间不得少于10个工作日。

13.2 竞买人报价

符合条件的竞买人应当填写报价单报价。有条件的地方，可以采用计算机系统报价。

竞买人报价有下列情形之一的，为无效报价：

(1) 报价单未在挂牌期限内收到的；

(2) 不按规定填写报价单的；

（3）报价单填写人与竞买申请文件不符的；

（4）报价不符合报价规则的；

（5）报价不符合挂牌文件规定的其他情形。

13.3 确认报价

挂牌主持人确认该报价后，更新显示挂牌价格，继续接受新的报价。有两个或两个以上竞买人报价相同的，先提交报价单者为该挂牌价格的出价人。

13.4 挂牌截止

挂牌截止应当由挂牌主持人主持确定。设有底价的，出让人应当在挂牌截止前将密封的挂牌底价交给挂牌主持人，挂牌主持人现场打开密封件。在公告规定的挂牌截止时间，竞买人应当出席挂牌现场，挂牌主持人宣布最高报价及其报价者，并询问竞买人是否愿意继续竞价。

13.4.1 挂牌主持人连续三次报出最高挂牌价格，没有竞买人表示愿意继续竞价的，挂牌主持人宣布挂牌活动结束，并按下列规定确定挂牌结果：

（1）最高挂牌价格不低于底价的，挂牌主持人宣布挂牌出让成交，最高挂牌价格的出价人为竞得人；

（2）最高挂牌价格低于底价的，挂牌主持人宣布挂牌出让不成交。

13.4.2 有竞买人表示愿意继续竞价的，即属于挂牌截止时有两个或两个以上竞买人要求报价的情形，挂牌主持人应当宣布挂牌出让转入现场竞价，并宣布现场竞价的时间和地点，通过现场竞价确定竞得人。

13.5 现场竞价

现场竞价应当由土地招标拍卖挂牌主持人主持进行，取得该宗地挂牌竞买资格的竞买人均可参加现场竞价。现场竞价按下列程序举行：

（1）挂牌主持人应当宣布现场竞价的起始价、竞价规则和增价幅度，并宣布现场竞价开始。现场竞价的起始价为挂牌活动截止时的最高报价增加一个加价幅度后的价格。

（2）参加现场竞价的竞买人按照竞价规则应价或报价。

（3）挂牌主持人确认该竞买人应价或者报价后继续竞价。

（4）挂牌主持人连续三次宣布同一应价或报价而没有人再应价或出价，且该价格不低于底价的，挂牌主持人落槌表示现场竞价成交，宣布最高应价或报价者为竞得人。成交结果对竞得人和出让人均具有法律效力。最高应价或报价低于底价的，挂牌主持人宣布现场竞价终止。

在现场竞价中无人参加竞买或无人应价或出价的，以挂牌截止时出价最高者为竞得人，但低于挂牌出让底价者除外。

13.6 签订《成交确认书》

确定竞得人后，挂牌人与竞得人当场签订《成交确认书》。挂牌人或竞得人不按规定签订《成交确认书》的，应当承担法律责任。竞得人拒绝签订《成交确认书》也不能对抗挂牌成交结果的法律效力。

《成交确认书》应包括挂牌人与竞得人的名称，出让标的，成交时间、地点、价款，以及双方签订《国有土地使用权出让合同》的时间、地点等内容。

《成交确认书》对挂牌人和竞得人具有法律效力，挂牌人改变挂牌结果的，或者竞得人不按规定签订《国有土地使用权出让合同》、放弃竞得宗地的，应当承担法律责任。

挂牌过程应当制作挂牌笔录。

14 签订出让合同，公布出让结果

14.1 签订《国有土地使用权出让合同》

招标拍卖挂牌出让活动结束后，中标人、竞得人应按照《中标通知书》或《成交确认书》的约定，与出让人签订《国有土地使用权出让合同》。

14.2 中标人、竞得人支付的投标、竞买保证金，在中标或竞得后转作受让地块的定金。其他投标人、竞买人交纳的投标、竞买保证金，出让人应在招标拍卖挂牌活动结束后 5 个工作日内予以退还，不计利息。

14.3 公布出让结果

招标拍卖挂牌活动结束后 10 个工作日内，出让人应当将招标拍卖挂牌出让结果通过中国土地市场网以及土地有形市场等指定场所向社会公布。

公布出让结果应当包括土地位置、面积、用途、开发程度、土地级别、容积率、出让年限、供地方式、受让人、成交价格和成交时间等内容。

出让人公布出让结果，不得向受让人收取费用。

15 核发《建设用地批准书》，交付土地

市、县国土资源管理部门向受让人核发《建设用地批准书》，并按照《国有土地使用权出让合同》、《建设用地批准书》确定的时间和条件将出让土地交付给受让人。

16 办理土地登记

受让人按照《国有土地使用权出让合同》约定付清全部国有土地使用权出让金，依法申请办理土地登记，领取《国有土地使用证》，取得国有土地使用权。

17 资料归档

出让手续全部办结后，市、县国土资源管理部门应当对宗地出让过程中的用地申请、审批、招标拍卖挂牌活动、签订合同等各环节相关资料、文件进行整理，并按规定归档。应归档的宗地出让资料包括：

（1）申请人的申请材料；

（2）宗地条件及相关资料；

(3) 宗地评估资料；

(4) 宗地出让底价及集体决策记录；

(5) 宗地招标拍卖挂牌出让方案；

(6) 宗地出让方案批复文件；

(7) 招标拍卖挂牌出让文件；

(8) 招标拍卖挂牌活动实施过程的记录资料；

(9)《中标通知书》或《成交确认书》；

(10)《国有土地使用权出让合同》及出让结果公布资料；

(11) 其他应归档的材料。

附录 A　国有土地使用权出让预申请书示范文本

国有土地使用权出让预申请书

________国土资源局：

我方现申请受让位于____________（位置）编号为________的地块〔地段中______平方米的土地使用权，具体四至为：________________〕。该地块已列入你局公布的招标拍卖挂牌出让计划。我方愿意以______元/平方米，总计人民币______万元（大写）（￥______）为最低出价，若获你局同意，我方愿意签订说明此意的承诺书，交纳相应的保证金，并按要求参加你局组织的此宗地招标拍卖挂牌出让活动。

申 请 人：________________________________（加盖公章）

法定代表人（或授权委托代理人）签名：______________

联 系 人：________________________________

地　　址：________________________________

邮政编码：________________________________

电　　话：________________________________

申请日期：______年______月______日

附录 B 国有土地使用权出让公告文本格式

1. 国有土地使用权招标出让公告格式

________国土资源局
国有土地使用权招标出让公告
________告字[ ] 号

经________人民政府批准，________国土资源局决定以招标方式出让________（幅）地块的国有土地使用权。现将有关事项公告如下：

一、招标出让地块的基本情况和规划指标要求

编号	土地位置	土地面积（m^2）	土地用途	规划指标要求			出让年限（年）	投资强度要求	投标保证金	
				容积率	建筑密度	…				

〔其他需要说明的宗地情况〕

二、中华人民共和国境内外的法人、自然人和其他组织均可申请参加，申请人应当〔可以〕单独申请〔，也可以联合申请〕。〔申请人应具备的其他条件〕

三、本次国有土地使用权招标出让按照价高者得原则确定中标人〔本次国有土地使用权招标出让按照能够最大限度地满足招标文件中规定的各项综合评价标准者得的原则确定中标人〕。

四、本次招标出让的详细资料和具体要求，见招标出让文件。申请人可于____年____月____日至____年____月____日，到____________（地点）获取招标出让文件。

五、申请人可于____年____月____日至____年____月____日，到____________（地点）向我局提交书面申请。交纳投标保证金的截止时间为____年____月____日____时。

经审查，申请人按规定交纳投标保证金，具备申请条件的，我局将在____年____月____日____时前确认其投标资格。

六、本次国有土地使用权招标出让活动定于____年____月____日____时至____年____月____日____时在____________（地点）投标，____年____月____日____时在____________（地点）开标。

七、其他需要公告的事项

（一）本次招标不允许〔允许〕邮寄投标文件〔，但必须在投标截止时间前收到方为有效，具体时间以我局收到投标文件的时间为准〕。

……

八、联系方式与银行账户

联系地址：________________

联系电话：________________

联 系 人：________________

开户单位：________________

开 户 行：________________

账　　号：________________

____________国土资源局

____年____月____日

2. 投标邀请书格式

________国土资源局
国有土地使用权投标邀请书

________（被邀请单位名称）：

经________人民政府批准，________国土资源局决定采取邀请招标方式出让____（幅）地块的国有土地使用权，现邀请你单位参加投标。具体事项如下：

一、招标出让地块的基本情况和规划指标要求

编号	土地位置	土地面积（m^2）	土地用途	规划指标要求			出让年限（年）	投资强度要求	投标保证金	…
				容积率	建筑密度	…				

〔其他需要说明的宗地情况〕

二、投标人应具备以下条件

……

三、本次国有土地使用权招标出让按照能够最大限度地满足招标文件中规定的各项综合评价标准者得的原则确定中标人。

四、本次招标出让的详细资料和具体要求，见招标出让文件。你单位若愿意参加此次投标活动，可于____年____月____日至____年____月____日到________（地点）获取招标文件。

五、你单位可于____年____月____日至____年____月____日到________（地点）向我局提交书面申请。交纳投标保证金

的截止时间为____年____月____日____时。

经审查，你单位按规定交纳投标保证金，具备申请条件的，我局将在____年____月____日____时前确认投标资格。

六、本次国有土地使用权招标出让活动定于____年____月____日____时至____年____月____日____时在__________（地点）投标，____年____月____日____时在__________（地点）开标。

七、其他需要注意的事项

（一）本次招标不允许〔允许〕邮寄投标文件〔，但必须在投标截止时间前收到方为有效，具体时间以我局收到投标文件的时间为准〕。

……

八、联系方式与银行账户

联系地址：______________

联系电话：______________

联 系 人：______________

开户单位：______________

开 户 行：______________

账　　号：______________

__________国土资源局

____年____月____日

3. 国有土地使用权拍卖出让公告格式

____________国土资源局
国有土地使用权拍卖出让公告
________告字［　　］　　号

经____________人民政府批准，____________国土资源局决定以拍卖方式出让______（幅）地块的国有土地使用权。现将有关事项公告如下：

一、拍卖出让地块的基本情况和规划指标要求

编号	土地位置	土地面积（m^2）	土地用途	规划指标要求			出让年限（年）	投资强度要求	竞买保证金	…
				容积率	建筑密度	…				

〔其他需要说明的宗地情况〕

二、中华人民共和国境内外的法人、自然人和其他组织均可申请参加，申请人应当〔可以〕单独申请〔，也可以联合申请〕。〔申请人应具备的其他条件。〕

三、本次国有土地使用权拍卖出让采用增价拍卖方式，按照价高者得原则确定竞得人。

四、本次拍卖出让的详细资料和具体要求，见拍卖出让文件。申请人可于____年____月____日至____年____月____日，到____________（地点）获取拍卖出让文件。

五、申请人可于____年____月____日至____年____月____

日，到＿＿＿＿＿＿（地点）向我局提交书面申请。交纳竞买保证金的截止时间为＿＿年＿＿月＿＿日＿＿时。

经审查，申请人按规定交纳竞买保证金，具备申请条件的，我局将在＿＿年＿＿月＿＿日＿＿时前确认其竞买资格。

六、本次国有土地使用权拍卖会定于＿＿年＿＿月＿＿日＿＿时在＿＿＿＿＿＿（地点）举办。

七、其他需要公告的事项

……

八、联系方式与银行账户

联系地址：＿＿＿＿＿＿＿＿

联系电话：＿＿＿＿＿＿＿＿

联 系 人：＿＿＿＿＿＿＿＿

开户单位：＿＿＿＿＿＿＿＿

开 户 行：＿＿＿＿＿＿＿＿

账　　号：＿＿＿＿＿＿＿＿

＿＿＿＿＿国土资源局

＿＿年＿＿月＿＿日

4. 国有土地使用权挂牌出让公告格式

________国土资源局
国有土地使用权挂牌出让公告
______告字［ ］ 号

经________人民政府批准，________国土资源局决定以挂牌方式出让____（幅）地块的国有土地使用权。现将有关事项公告如下：

一、挂牌出让地块的基本情况和规划指标要求

编号	土地位置	土地面积（m^2）	土地用途	规划指标要求			出让年限（年）	投资强度要求	竞买保证金	…
				容积率	建筑密度	…				

〔其他需要说明的宗地情况〕

二、中华人民共和国境内外的法人、自然人和其他组织均可申请参加，申请人应当〔可以〕单独申请〔，也可以联合申请〕。〔申请人应具备的其他条件。〕

三、本次国有土地使用权挂牌出让按照价高者得原则确定竞得人。

四、本次挂牌出让的详细资料和具体要求，见挂牌出让文件。申请人可于____年____月____日至____年____月____日，到________（地点）获取挂牌出让文件。

五、申请人可于____年____月____日至____年____月____

日，到＿＿＿＿＿＿（地点）向我局提交书面申请。交纳竞买保证金的截止时间为＿＿年＿＿月＿＿日＿＿时。

经审查，申请人按规定交纳竞买保证金，具备申请条件的，我局将在＿＿年＿＿月＿＿日＿＿时前确认其竞买资格。

六、本次国有土地使用权挂牌地点为＿＿＿＿＿＿；各地块挂牌时间分别：

1. ＿＿号地块：＿＿年＿＿月＿＿日＿＿时至＿＿年＿＿月＿＿日＿＿时；

2. ＿＿号地块：＿＿年＿＿月＿＿日＿＿时至＿＿年＿＿月＿＿日＿＿时；

……

七、其他需要公告的事项

（一）挂牌时间截止时，有竞买人表示愿意继续竞价，转入现场竞价，通过现场竞价确定竞得人。

……

八、联系方式与银行账户

联系地址：＿＿＿＿＿＿＿＿

联系电话：＿＿＿＿＿＿＿＿

联 系 人：＿＿＿＿＿＿＿＿

开户单位：＿＿＿＿＿＿＿＿

开 户 行：＿＿＿＿＿＿＿＿

账　　号：＿＿＿＿＿＿＿＿

＿＿＿＿＿＿国土资源局

＿＿年＿＿月＿＿日

5. 国有土地使用权公开出让公告格式

____________国土资源局
国有土地使用权公开出让公告
______告字［　］号

经__________人民政府批准，__________国土资源局决定公开出让______（幅）地块的国有土地使用权。现将有关事项公告如下：

一、公开出让地块的基本情况和规划指标要求

编号	土地位置	土地面积（m^2）	土地用途	规划指标要求			出让年限（年）	投资强度要求	投标、竞买保证金	…
				容积率	建筑密度	…				

〔其他需要说明的宗地情况〕

二、中华人民共和国境内外的法人、自然人和其他组织均可申请参加，申请人应当〔可以〕单独申请〔，也可以联合申请〕。〔申请人应具备的其他条件。〕

三、我局将根据申请截止时的申请情况，在____年____月____日____时确定上述宗地公开出让的具体方式（招标、拍卖或挂牌），并告知所有申请人。

本次国有土地使用权公开出让按照价高者得原则确定受让人。

四、本次公开出让的详细资料和具体要求，见公开出让文

件。申请人可于____年____月____日至____年____月____日，到____________（地点）获取出让文件。

五、申请人可于____年____月____日至____年____月____日，到__________（地点）向我局提交书面申请。交纳投标、竞买保证金的截止时间为____年____月____日____时。

经审查，申请人按规定交纳投标、竞买保证金，具备申请条件的，我局将在____年____月____日____时前确认其投标、竞买资格。

六、公开出让的时间为____年____月____日____时，地点为____________。

七、其他需要公告的事项

……

八、联系方式与银行账户

联系地址：______________

联系电话：______________

联 系 人：______________

开户单位：______________

开 户 行：______________

账　　号：______________

__________国土资源局

____年____月____日

附录C　国有土地使用权出让须知示范文本

1. 国有土地使用权招标出让须知示范文本

国有土地使用权招标出让须知

根据《中华人民共和国土地管理法》、《中华人民共和国城市房地产管理法》、《中华人民共和国城镇国有土地使用权出让和转让暂行条例》、《招标拍卖挂牌出让国有土地使用权规定》以及《招标拍卖挂牌出让国有土地使用权规范》等有关规定，经________人民政府批准，________国土资源局决定以招标方式公开出让____（幅）地块的国有土地使用权。

一、此次国有土地使用权招标出让的出让人为________国土资源局，具体组织实施由我局〔自行办理〕〔指定/授权下属事业单位________土地交易中心承办〕〔委托________公司承办〕。

二、此次国有土地使用权招标出让遵循公开、公平、公正和诚实信用原则。

三、出让地块的基本情况及规划指标要求：

（一）地块位置：____________；

（二）地块范围：____________；

（三）出让面积：____________；

（四）土地用途：____________；

（五）规划容积率：__________；

（六）规划建筑密度：________；

（七）绿地率：____________；

（八）土地开发程度：________________；

（九）土地使用权出让年期：_____年；

（十）投资强度要求等土地使用标准：__________；

（十一）动工及竣工时间：_____________________；

……

四、投标资格及要求

中华人民共和国境内外的法人、自然人和其他组织均可申请参加，〔申请人应具备的其他条件〕。申请人应当〔可以〕单独申请〔，也可以联合申请〕。

交纳投标保证金的截止时间为____年____月____日____时。上述宗地的投标保证金分别为：

1. ____号地块为人民币________万元（大写）（￥____）；

2. ____号地块为人民币________万元（大写）（￥____）；

……

五、申请和资格审查

（一）招标文件取得

申请人可于____年____月____日至____年____月____日，到____________（地点）获取本次招标出让文件，具体包括：

（1）招标出让公告；

（2）招标出让须知；

（3）标书；

（4）投标申请书；

（5）宗地界址图；

（6）宗地规划指标要求；

（7）中标通知书；

（8）国有土地使用权出让合同；

（9）其他相关文件。

（二）提交申请

申请人可于____年____月____日至____年____月____日，到____________（地点）向我局提交书面申请。申请文件包括：

1. 法人申请的，应提交下列文件：

（1）申请书；

（2）法人单位有效证明文件；

（3）法定代表人的有效身份证明文件；

（4）申请人委托他人办理的，应提交授权委托书及委托代理人的有效身份证明文件；

（5）投标保证金交纳凭证；

（6）招标文件规定需要提交的其他文件。

2. 自然人申请的，应提交下列文件：

（1）申请书；

（2）申请人有效身份证明文件；

（3）申请人委托他人办理的，应提交授权委托书及委托代理人的身份证明文件；

（4）投标保证金交纳凭证；

（5）招标文件规定需要提交的其他文件。

3. 其他组织申请的，应提交下列文件：

（1）申请书；

（2）表明该组织合法存在的文件或有效证明；

（3）表明该组织负责人身份的有效证明文件；

（4）申请人委托他人办理的，应提交授权委托书及委托代理人的身份证明文件；

（5）投标保证金交纳凭证；

（6）招标文件规定需要提交的其他文件。

4. 境外申请人申请的，应提交下列文件：

（1）申请书；

（2）境外法人、自然人、其他组织的有效身份证明文件；

（3）申请人委托他人办理的，应提交授权委托书及委托代理人的有效身份证明文件；

（4）投标保证金交纳凭证；

（5）招标文件规定需要提交的其他文件。

上述文件中，申请书必须用中文书写，其他文件可以使用其他语言，但必须附中文译本，所有文件的解释以中文译本为准。

5. 联合申请的，应提交下列文件：

（1）联合申请各方共同签署的申请书；

（2）联合申请各方的有效身份证明文件；

（3）联合竞投协议，协议要规定联合各方的权利、义务，并明确签订《国有土地使用权出让合同》时的受让人；

（4）申请人委托他人办理的，应提交授权委托书及委托代理人的有效身份证明文件；

（5）投标保证金交纳凭证；

（6）招标文件规定需要提交的其他文件。

（三）资格审查

我局负责对招标出让公告规定的时间内收到的申请进行审查。按规定交纳投标保证金、通过资格审查的，方能取得有效投标资格。

经审查，有下列情形之一的，为无效申请：

（1）申请人不具备投标资格的；

（2）未按规定交纳投标保证金的；

（3）申请文件不齐全或不符合规定的；

（4）委托他人代理，委托文件不齐全或不符合规定的；

（5）法律法规规定的其他情形。

（四）确认投标人资格

经审查，申请人按规定交纳投标保证金、具备申请条件的，我局将在____年____月____日____时前发给《投标资格确认书》，并通知其参加招标活动。通过资格审查的申请人少于3人的，我局将依照有关规定，终止招标活动。

（五）答疑及现场踏勘

申请人对招标出让文件有疑问的，可以书面或者口头方式向我局咨询。我局于____年____月____日组织申请人对拟出让地块进行现场踏勘。

六、招标程序

（一）投标

本次国有土地使用权投标活动将于____年____月____日____时至____时在____________（地点）举行。标箱从当日____时整起开始设立于______________。

投标具体程序如下：

1. 投标开始前，招标主持人现场组织开启标箱，检查标箱情况后加封；

2. 招标主持人宣布投标开始；

3. 投标人在规定的时间将标书及其他文件送达指定的投标地点，经招标人登记后，将标书投入标箱。

投标人投标后，不可撤回投标文件，并对投标文件和有关书面承诺承担责任。投标人可以对已提交的投标文件进行补充说明，但应在招标文件要求提交投标文件的截止时间前书面通知招标人并将补充文件送达。

（二）开标

本次招标于____年____月____日____时在____________（地点）开标，所有投标人参加。

开标具体程序如下：

1. 招标主持人宣布开标活动开始；

2. 招标主持人介绍参加会议的单位或个人；

3. 招标主持人宣布监标人员、记录人员名单；

4. 招标主持人邀请投标人或者其推选的代表检查标箱的密封情况，当众开启标箱；

5. 招标主持人点算标书；

6. 招标主持人组织逐一检查标箱内的投标文件，对不符合规定的标书宣布为无效标书；

7. 对确认无误的招标文件，由工作人员当众拆封；

8. 宣读投标人名称、投标价格和投标文件的其他主要内容。

（三）评标

〔本次招标按照价高者得的原则确定中标人，不成立评标小组，根据开标结果，有效投标价格最高的投标人为中标候选人。有两个或两个以上申请人的报价相同且同为最高报价的，可以由相同报价的申请人在限定时间内再行报价，或者采取现场竞价方式确定中标人。〕本次招标按照综合条件最佳者得的原则确定中标人，具体由评标小组按照招标文件确定的评标标准和方法，对投标文件进行评审，综合评分，并根据综合评分结果确定中标候选人。

评标小组由出让人、有关专家组成，成员人数为5人以上的单数。

评标小组可以要求评标人对投标文件中含义不明确的内容做出必要的澄清或者说明，但澄清或者说明不得超出投标文件的范围或者改变投标文件的实质性内容。

评标小组应当根据评标结果，按照综合评分高低确定中标候选人排序，但低于底价或标底者除外。同时有两个或两个以上申请人的综合评分相同的，按报价高低排名，报价也相同的，可以由综合评分相同的申请人通过现场竞价确定排名顺序。投标人的投标价均低于底价或投标条件均不能够满足标底要求的，投标活动终止。

（四）定标

我局根据评标小组推荐的中标候选人确定中标人。〔我局授权评标小组直接确定中标人。〕

（五）发出《中标通知书》

确定中标人后，我局向中标人发出《中标通知书》。

（六）签订《国有土地使用权出让合同》

我局与中标人依据《中标通知书》约定签订《国有土地使用权出让合同》。

（七）出让结果公布

我局将在此次国有土地使用权招标活动结束后10个工作日内，在____________（土地有形市场或者指定场所、媒介）公布此次国有土地使用权招标出让结果。

七、注意事项

（一）申请人须全面阅读有关招标文件，如有疑问可以在投标日以前用书面或口头方式向我局咨询。申请人可到现场踏勘招标出让地块。申请人一经投标，即视为投标人对招标文件及地块现状无异议并全面接受，并对有关承诺承担法律责任。

（二）申请人竞得土地后，拟成立新公司进行开发建设的，应在申请书中明确新公司的出资构成、成立时间等内容。我局可以根据中标结果与中标人签订《国有土地使用权出让合同》，在中标人按约定办理完新公司注册登记手续后，再与新公司签订《国有土地使用权出让合同变更协议》。〔我局同意直接与新公司签订《国有土地使用权出让合同》。〕

（三）本次招标不接受电话、口头投标，不允许〔允许〕投标人邮寄投标文件〔，但以招标人在投标截止时间前收到的方为有效，具体时间以我局收到投标文件的时间为准，由我局代为投入标箱〕。

（四）投标人向招标人递交的投标文件必须密封，封面必须注明拟竞投的地块编号及投标单位的名称，并由法定代表人签名和加盖公章，投标人为个人的，应注明“个人投标”字样，并由投标人签名。

（五）投标人投标后，不可撤回投标文件，但可以对已提交的投标文件进行补充说明。进行补充说明的，投标人应在招标文件要求提交投标文件的截止时间前书面通知我局并将补充文件送达。

（六）评标活动在严格保密的情况下进行。

（七）投标文件有下列情形之一的，为无效投标文件：

1. 投标文件未密封的；

2. 投标文件未加盖投标人印鉴，也未经法定代表人签署的；

3. 投标文件不齐备、内容不全或不符合规定的；

4. 投标人对同一个标的有两个或两个以上报价的；

5. 委托投标但委托文件不齐全或不符合规定的；

6. 评标小组认为投标文件无效的其他情形。

（八）对认定的无效申请和无效投标文件，我局将及时通知有关申请人和投标人。

（九）投标人的投标价均低于底价或投标条件均不能够满足标底要求的，招标活动终止。

（十）《中标通知书》对招标人和中标人具有法律效力。中标人交纳的投标保证金，在中标后转作出让地块的定金。招标人改变中标结果，或者中标人放弃中标宗地的，应当承担法律责任。

（十一）未中标人交纳的投标保证金，我局将在招标活动结束后 5 个工作日内予以退还，不计利息。

（十二）有下列情形之一的，招标人应当在开标前终止招标，并通知投标人：

1. 投标人串通损害国家利益、社会利益或他人合法权益的；

2. 招标工作人员、评标小组成员私下接触投标人，足以影响招标公正性的；

3. 取得投标资格的申请人不足3人的；

4. 应当依法终止招标活动的其他情形。

（十三）中标人有下列行为之一的，视为违约，招标人可取消其中标人资格，投标保证金不予退还：

1. 中标人逾期或拒绝签收《中标通知书》的；

2. 中标人逾期或拒绝签订《国有土地使用权出让合同》的。

（十四）在招标过程中，发生中标人被取消中标资格情形的，招标人可重新确定中标人或另行组织招标。

（十五）中标价即为该幅地块的总地价款，包括＿＿＿＿＿。

（十六）中标人与出让人签订《国有土地使用权出让合同》后，应当按出让合同约定支付中标价款。中标人付清全部中标价款后，依法申请办理土地登记，领取《国有土地使用证》。

（十七）招标未成交的，应当按规定由我局重新组织出让。

（十八）参加投标、开标活动的人员，应遵守现场的纪律，服从管理人员的管理。

（十九）其他事项

……

（二十）我局对本《须知》有解释权。未尽事宜依照《招标拍卖挂牌出让国有土地使用权规范》办理。

＿＿＿＿＿＿国土资源局

＿＿年＿＿月＿＿日

2. 国有土地使用权拍卖出让须知示范文本

国有土地使用权拍卖出让须知

根据《中华人民共和国土地管理法》、《中华人民共和国城市房地产管理法》、《中华人民共和国城镇国有土地使用权出让和转让暂行条例》、《招标拍卖挂牌出让国有土地使用权规定》，以及《招标拍卖挂牌出让国有土地使用权规范》等有关规定，经____________人民政府批准，____________国土资源局决定以拍卖方式出让______（幅）地块的国有土地使用权。

一、本次国有土地使用权拍卖出让的出让人为____________国土资源局，具体组织实施由我局〔自行办理〕〔指定或授权下属事业单位________________土地交易中心承办〕〔委托____________公司承办〕。

二、本次国有土地使用权拍卖出让遵循公开、公平、公正和诚实信用原则。

三、出让地块的基本情况及规划指标要求：

（一）地块位置：____________________；

（二）地块范围：____________________；

（三）出让面积：____________________；

（四）土地用途：____________________；

（五）规划容积率：__________________；

（六）规划建筑密度：________________；

（七）绿地率：______________________；

（八）土地开发程度：________________；

（九）土地使用权出让年期：______年；

（十）投资强度要求等土地使用标准：____________；

（十一）动工及竣工时间：______________；

……

四、竞买资格及要求

中华人民共和国境内外的法人、自然人和其他组织均可申请参加，〔申请人应具备的其他条件〕申请人应当〔可以〕单独申请〔，也可以联合申请〕。

交纳竞买保证金的截止时间为____年____月____日____时。上述宗地的竞买保证金分别为：

1. ____号地块为人民币________万元（大写）（¥____）；

2. ____号地块为人民币________万元（大写）（¥____）；

……

五、申请和资格审查

（一）拍卖文件取得

申请人可于____年____月____日至____年____月____日，到____________（地点）获取本次拍卖出让文件，具体包括：

（1）拍卖出让公告；

（2）拍卖出让须知；

（3）竞买申请书；

（4）宗地界址图；

（5）宗地规划指标要求；

（6）成交确认书；

（7）国有土地使用权出让合同；

（8）其他相关文件。

（二）提交申请

申请人可于____年____月____日至____年____月____日，到____________（地点）向我局提交书面申请。申请文件包括：

1. 法人申请的，应提交下列文件：

(1) 申请书;

(2) 法人单位有效证明文件;

(3) 法定代表人的有效身份证明文件;

(4) 申请人委托他人办理的，应提交授权委托书及委托代理人的有效身份证明文件;

(5) 竞买保证金交纳凭证;

(6) 拍卖文件规定需要提交的其他文件。

2. 自然人申请的，应提交下列文件:

(1) 申请书;

(2) 申请人有效身份证明文件;

(3) 申请人委托他人办理的，应提交授权委托书及委托代理人的身份证明文件;

(4) 竞买保证金交纳凭证;

(5) 拍卖文件规定需要提交的其他文件。

3. 其他组织申请的，应提交下列文件:

(1) 申请书;

(2) 表明该组织合法存在的文件或有效证明;

(3) 表明该组织负责人身份的有效证明文件;

(4) 申请人委托他人办理的，应提交授权委托书及委托代理人的身份证明文件;

(5) 竞买保证金交纳凭证;

(6) 拍卖文件规定需要提交的其他文件。

4. 境外申请人申请的，应提交下列文件:

(1) 申请书;

(2) 境外法人、自然人、其他组织的有效身份证明文件;

(3) 申请人委托他人办理的，应提交授权委托书及委托代理人的有效身份证明文件;

（4）竞买保证金交纳凭证；

（5）拍卖文件规定需要提交的其他文件。

上述文件中，申请书必须用中文书写，其他文件可以使用其他语言，但必须附中文译本，所有文件的解释以中文译本为准。

5. 联合申请的，应提交下列文件：

（1）联合申请各方共同签署的申请书；

（2）联合申请各方的有效身份证明文件；

（3）联合竞投协议，协议要规定联合各方的权利、义务，并明确签订《国有土地使用权出让合同》时的受让人；

（4）申请人委托他人办理的，应提交授权委托书及委托代理人的有效身份证明文件；

（5）竞买保证金交纳凭证；

（6）拍卖文件规定需要提交的其他文件。

（三）资格审查

我局负责对拍卖出让公告规定的时间内收到的申请进行审查。按规定交纳竞买保证金、通过资格审查的，方能取得竞买资格。

经审查，有下列情形之一的，为无效申请：

（1）申请人不具备竞买资格的；

（2）未按规定交纳竞买保证金的；

（3）申请文件不齐全或不符合规定的；

（4）委托他人代理，委托文件不齐全或不符合规定的；

（5）法律法规规定的其他情形。

（四）确认竞买人资格

经审查，申请人按规定交纳竞买保证金、具备申请条件的，我局将在____年____月____日____时前发给《竞买资格确认书》，并通知其领取竞买标志牌以及参加拍卖会。通过资格审查的申请人少于 3 人的，我局将依照有关规定终止拍卖。

（五）答疑及现场踏勘

申请人对拍卖出让文件有疑问的，可以在拍卖会开始前以书面或者口头方式向我局咨询。我局于____年____月____日组织申请人对拟出让地块进行现场踏勘。

六、各宗地的拍卖起叫价、增价幅度

1. ______号地块：起叫价为人民币__________万元（大写）（￥____），增价幅度为人民币_________万元（大写）（￥____）；

2. ______号地块：起叫价为人民币__________万元（大写）（￥____），增价幅度为人民币_________万元（大写）（￥____）；

……

七、拍卖程序

（一）拍卖会程序

1. 主持人宣布拍卖会开始；

2. 拍卖主持人、记录员就位；

3. 拍卖主持人宣布竞买人到场情况；

设有底价的，出让人应当现场将密封的拍卖底价交给拍卖主持人，拍卖主持人现场开启密封件。

4. 拍卖主持人介绍拍卖地块的位置、面积、用途、使用年限、规划指标要求、建设时间等；

5. 拍卖主持人宣布拍卖宗地的起叫价、增价规则和增价幅度，并明确提示是否设有底价。在拍卖过程中，拍卖主持人可根据现场情况调整增价幅度。

6. 拍卖主持人报出起叫价，宣布竞价开始；

7. 竞买人举牌应价或者报价；

8. 拍卖主持人确认该竞买人应价或者报价后继续竞价；

9. 拍卖主持人连续三次宣布同一应价或报价而没有人再应

价或出价，且该价格不低于底价的，拍卖主持人落槌表示拍卖成交，并宣布最高应价者为竞得人。成交结果对拍卖人、竞得人和出让人均具有法律效力。最高应价或报价低于底价的，拍卖主持人宣布拍卖终止。

（二）确定竞得人后，拍卖人与竞得人当场签订《成交确认书》，拍卖人或竞得人不按规定签订《成交确认书》的，应当承担法律责任。竞得人拒绝签订《成交确认书》也不能对抗拍卖成交结果的法律效力。

（三）出让人与竞得人依据《成交确认书》约定签订《国有土地使用权出让合同》。

（四）出让结果公布

我局将在此次国有土地使用权拍卖会结束后10个工作日内，在__________（土地有形市场或者指定场所、媒介）公布本次国有土地使用权拍卖出让结果。

八、竞价规则

（一）本次拍卖采用增价拍卖方式，按价高者得的原则确定竞得人。

（二）竞买人以举牌方式应价，也可以报价，但报价的加价幅度不得小于拍卖主持人宣布或调整的增价幅度。

（三）本次拍卖设有底价，最后应价未达到底价时，拍卖主持人终止拍卖活动〔本次拍卖为无底价拍卖〕。

九、注意事项

（一）申请人须全面阅读有关拍卖文件，如有疑问可以在拍卖会开始日以前用书面或口头方式向我局咨询。申请人可到现场踏勘拍卖出让地块。申请一经受理确认后，即视为竞买人对拍卖文件及地块现状无异议并全部接受，并对有关承诺承担法律责任。

（二）申请人竞得土地后，拟成立新公司进行开发建设的，应在申请书中明确新公司的出资构成、成立时间等内容。我局可以根据拍卖结果与竞得人签订《国有土地使用权出让合同》，在竞得人按约定办理完新公司注册登记手续后，再与新公司签订《国有土地使用权出让合同变更协议》。〔我局同意直接与新公司签订《国有土地使用权出让合同》。〕

（三）竞买人一经应价或报价，不可撤回。

（四）确定竞得人后，竞得人在拍卖现场与拍卖人签订《成交确认书》。委托他人代签的，应提交法定代表人亲笔签名并盖章的授权委托书。《成交确认书》对拍卖人和竞得人具有法律效力，拍卖人改变拍卖结果的，或者竞得人放弃竞得宗地的，应当承担法律责任。

（五）竞得人交纳的竞买保证金，在拍卖成交后转作受让地块的定金。未竞得人交纳的竞买保证金，我局在拍卖活动结束后5个工作日内予以退还，不计利息。

（六）有下列情形之一的，拍卖人应当在拍卖会前终止拍卖活动，并通知竞买人：

1. 竞买人串通损害国家利益、社会利益或他人合法权益的；

2. 拍卖工作人员私下接触竞买人，足以影响拍卖公正性的；

3. 取得竞买资格的申请人不足3人的；

4. 应当依法终止拍卖活动的其他情形。

（七）竞得人有下列行为之一的，视为违约，拍卖人可取消其竞得人资格，竞买保证金不予退还：

1. 竞得人逾期或拒绝签订《成交确认书》的；

2. 竞得人逾期或拒绝签订《国有土地使用权出让合同》的。

（八）拍卖成交价即为该幅地块的总地价款，包括________。

（九）竞得人与出让人签订《国有土地使用权出让合同》后，

应当按出让合同约定支付拍卖成交价款。竞得人付清全部拍卖成交价款后，依法申请办理土地登记，领取《国有土地使用证》。

（十）拍卖不成交的，应当按规定由我局重新组织出让。

（十一）参加拍卖活动的人员，应遵守现场的纪律，服从管理人员的管理。

（十二）其他事项

……

（十三）我局对本《须知》有解释权。未尽事宜依照《招标拍卖挂牌出让国有土地使用权规范》办理。

____________国土资源局

____年____月____日

3. 国有土地使用权挂牌出让须知示范文本

国有土地使用权挂牌出让须知

根据《中华人民共和国土地管理法》、《中华人民共和国城市房地产管理法》、《中华人民共和国城镇国有土地使用权出让和转让暂行条例》、《招标拍卖挂牌出让国有土地使用权规定》，以及《招标拍卖挂牌出让国有土地使用权规范》等有关规定，经____________人民政府批准，_____________国土资源局决定以挂牌方式出让______（幅）地块的国有土地使用权。

一、本次国有土地使用权挂牌出让的出让人为______国土资源局，具体组织实施由我局〔自行办理〕〔指定/授权下属事业单位_____________土地交易中心承办〕〔委托_____________公司承办〕。

二、本次国有土地使用权挂牌出让遵循公开、公平、公正和诚实信用原则。

三、出让地块的基本情况及规划指标要求等：

（一）地块位置：______________________；

（二）地块范围：______________________；

（三）出让面积：______________________；

（四）土地用途：______________________；

（五）规划容积率：____________________；

（六）规划建筑密度：__________________；

（七）绿地率：________________________；

（八）土地开发程度：__________________；

（九）土地使用权出让年期：______年；

（十）投资强度要求等土地使用标准：_____________；

（十一）动工及竣工时间：________；

……

四、竞买资格及要求

中华人民共和国境内外的法人、自然人和其他组织均可申请参加，〔申请人还应具备的其他条件〕申请人应当〔可以〕单独申请〔，也可以联合申请〕。

交纳竞买保证金的截止时间为____年____月____日____时。上述宗地的竞买保证金分别为：

1. ____号地块为人民币________万元（大写）（￥____）；

2. ____号地块为人民币________万元（大写）（￥____）；

……

五、申请和资格审查

（一）挂牌文件取得

申请人可于____年____月____日至____年____月____日，到____________（地点）获取本次挂牌出让文件，具体包括：

（1）挂牌出让公告；

（2）挂牌出让须知；

（3）竞买申请书；

（4）挂牌出让报价单；

（5）宗地界址图；

（6）宗地规划指标要求；

（7）成交确认书；

（8）国有土地使用权出让合同；

（9）其他相关文件。

（二）提交申请

申请人可于____年____月____日至____年____月____日，到____________（地点）向我局提交书面申请。申请文件包括：

1. 法人申请的，应提交下列文件：

（1）申请书；

（2）法人单位有效证明文件；

（3）法定代表人的有效身份证明文件；

（4）申请人委托他人办理的，应提交授权委托书及委托代理人的有效身份证明文件；

（5）竞买保证金交纳凭证；

（6）挂牌文件规定需要提交的其他文件。

2. 自然人申请的，应提交下列文件：

（1）申请书；

（2）申请人有效身份证明文件；

（3）申请人委托他人办理的，应提交授权委托书及委托代理人的身份证明文件；

（4）竞买保证金交纳凭证；

（5）挂牌文件规定需要提交的其他文件。

3. 其他组织申请的，应提交下列文件：

（1）申请书；

（2）表明该组织合法存在的文件或有效证明；

（3）表明该组织负责人身份的有效证明文件；

（4）申请人委托他人办理的，应提交授权委托书及委托代理人的身份证明文件；

（5）竞买保证金交纳凭证；

（6）挂牌文件规定需要提交的其他文件。

4. 境外申请人申请的，应提交下列文件：

（1）申请书；

（2）境外法人、自然人、其他组织的有效身份证明文件；

（3）申请人委托他人办理的，应提交授权委托书及委托代理人的有效身份证明文件；

(4) 竞买保证金交纳凭证；

(5) 挂牌文件规定需要提交的其他文件。

上述文件中，申请书必须用中文书写，其他文件可以使用其他语言，但必须附中文译本，所有文件的解释以中文译本为准。

5. 联合申请的，应提交下列文件：

(1) 联合申请各方共同签署的申请书；

(2) 联合申请各方的有效身份证明文件；

(3) 联合竞投协议，协议要规定联合各方的权利、义务，并明确签订《国有土地使用权出让合同》时的受让人；

(4) 申请人委托他人办理的，应提交授权委托书及委托代理人的有效身份证明文件；

(5) 竞买保证金交纳凭证；

(6) 挂牌文件规定需要提交的其他文件。

(三) 资格审查

我局负责对挂牌出让公告规定的时间内收到的申请进行审查。按规定交纳竞买保证金、通过资格审查的，方能取得竞买资格。

经审查，有下列情形之一的，为无效申请：

(1) 申请人不具备竞买资格的；

(2) 未按规定交纳竞买保证金的；

(3) 申请文件不齐全或不符合规定的；

(4) 委托他人代理，委托文件不齐全或不符合规定的；

(5) 法律法规规定的其他情形。

(四) 确认竞买人资格

经审查，申请人按规定交纳竞买保证金、具备申请条件的，我局将在____年____月____日____时前发给《竞买资格确认书》

确认其竞买资格，并通知其参加挂牌活动。

（五）答疑及现场踏勘

申请人对挂牌出让文件有疑问的，可在挂牌活动开始前以书面或者口头方式向我局咨询。我局于____年____月____日组织申请人对拟出让地块进行现场踏勘。

六、本次挂牌出让活动有关时间

挂牌时间为10个工作日，不包括法定节假日。具体如下：

1. 挂牌起始时间：____年____月____日____时；

2. 挂牌截止时间：各挂牌地块由挂牌主持人分别在下列时间主持确定挂牌截止：

（1）____号地块：____年____月____日____时；

（2）____号地块：____年____月____日____时；

……

3. 接受挂牌报价时间：挂牌期间上午____时至____时和下午____时至____时。

七、各宗地的挂牌起始价、增价幅度

1. ______号地块：起始价为人民币__________万元（大写）（¥____），增价幅度为人民币__________万元（大写）（¥____）；

2. ______号地块：起始价为人民币__________万元（大写）（¥____），增价幅度为人民币__________万元（大写）（¥____）；

……

八、挂牌程序

（一）公布挂牌信息

1. 挂牌人将有关宗地的位置、面积、用途、使用年期、规划要求、起始价、增价规则及增价幅度等挂牌公布；

2. 挂牌主持人介绍各地块的情况。

（二）挂牌竞价

1. 挂牌主持人介绍挂牌起始价、增价幅度等竞价规则，宣布挂牌竞价开始；

2. 竞买人填写《挂牌竞买报价单》进行报价；

3. 挂牌主持人收到《挂牌竞买报价单》后，对报价单予以审核，对符合规定的报价予以确认；

4. 挂牌主持人确认该报价后，更新显示挂牌价格，继续接受新的报价。

（三）挂牌截止

挂牌截止应当由挂牌主持人主持确定。设有底价的，出让人应当在挂牌截止前将密封的挂牌底价交给挂牌主持人，挂牌主持人现场打开密封件。在公告规定的挂牌截止时间，竞买人应当出席挂牌现场，挂牌主持人宣布最高报价及其报价者，并询问竞买人是否愿意继续竞价。

1. 各地块由挂牌主持人分别在下列时间主持确定挂牌截止：

(1) ____号地块：____年____月____日____时；

(2) ____号地块：____年____月____日____时；

……

2. 挂牌主持人宣布最高报价及其报价者，并询问竞买人是否愿意继续竞价。

3. 有竞买人表示愿意继续竞价的，即属于挂牌截止时有两个或两个以上竞买人要求报价的情形，挂牌主持人应当宣布挂牌出让转入现场竞价，并宣布现场竞价的时间和地点，通过现场竞价确定竞得人。

4. 挂牌主持人连续三次报出最高挂牌价格，没有竞买人表示愿意继续竞价的，挂牌主持人宣布挂牌活动结束，并按下列规定确定挂牌结果：

(1) 最高挂牌价格不低于底价的，挂牌主持人宣布挂牌成交，最高挂牌价格的出价人为竞得人；

(2) 最高挂牌价格低于底价的，挂牌主持人宣布挂牌不成交。

(四) 现场竞价

现场竞价由土地招标拍卖挂牌主持人主持进行，取得该宗地挂牌竞买资格的竞买人均可参加现场竞价。现场竞价按下列程序举行：

(1) 挂牌主持人应当宣布现场竞价的起始价、竞价规则和增价幅度，并宣布现场竞价开始。现场竞价的起始价为挂牌活动截止时的最高报价增加一个加价幅度后的价格。

(2) 参加现场竞价的竞买人按照竞价规则应价或报价。

(3) 挂牌主持人确认该竞买人应价或者报价后继续竞价。

(4) 挂牌主持人连续三次宣布同一应价或报价而没有人再应价或报价，且该价格不低于底价的，挂牌主持人宣布最高应价或报价者为竞得人。最高应价或报价低于底价的，挂牌主持人宣布现场竞价终止。

在现场竞价中无人参加竞买或无人加价的，以挂牌截止时出价最高者为竞得人，但低于挂牌出让底价者除外。

(五) 签订《成交确认书》

确定竞得人后，挂牌人与竞得人当场签订《成交确认书》。竞得人拒绝签订《成交确认书》也不能对抗挂牌成交结果的法律效力。

(六) 签订《国有土地使用权出让合同》

出让人与竞得人依据《成交确认书》约定签订《国有土地使用权出让合同》。

(七) 出让结果公布

我局将在本次国有土地使用权挂牌出让活动结束后 10 个工

作日内，在＿＿＿＿＿＿（土地有形市场或者指定的场所、媒介）公布本次国有土地使用权挂牌出让结果。

九、报价规则

（一）本次挂牌以价高者得为原则确定竞得人。

（二）本次挂牌以增价方式进行报价，每次加价幅度不得小于挂牌主持人宣布的增价幅度。

（三）竞买人以填写《挂牌竞买报价单》方式报价，《挂牌竞买报价单》一经报出，不得撤回。

（四）在报价期间，竞买人可多次报价。

（五）竞买人报价有下列情形之一的，为无效报价：

(1) 报价单未在挂牌期限内收到的；

(2) 不按规定填写报价单的；

(3) 报价单填写人与竞买申请文件不符的；

(4) 报价不符合报价规则的；

(5) 报价不符合挂牌文件规定的其他情形。

（六）有两个或两个以上竞买人报价相同的，确认先提交报价单者为该挂牌价格的出价人。

十、注意事项

（一）申请人须全面阅读有关挂牌文件，如有疑问可以在挂牌活动开始日以前用书面或口头方式向我局咨询。申请人可到现场踏勘挂牌出让地块。申请一经受理确认后，即视为竞买人对挂牌文件及地块现状无异议并全部接受，并对有关承诺承担法律责任。

（二）申请人竞得土地后，拟成立新公司进行开发建设的，应在申请书中明确新公司的出资构成、成立时间等内容。我局可以根据挂牌出让结果与竞得人签订《国有土地使用权出让合同》，在竞得人按约定办理完新公司注册登记手续后，再与新公司签订

《国有土地使用权出让合同变更协议》。〔我局同意直接与新公司签订《国有土地使用权出让合同》。〕

（三）本次挂牌地块均设有挂牌底价，在挂牌活动结束前须严格保密〔本次挂牌为无底价挂牌〕。

（四）竞买报价单一经提交，不可撤回。

（五）确定竞得人后，竞得人在挂牌现场与挂牌人签订《成交确认书》。委托他人代签的，应提交法定代表人亲笔签名并盖章的授权委托书。《成交确认书》对挂牌人和竞得人具有法律效力，挂牌人改变挂牌结果的，或者竞得人放弃竞得宗地的，应当承担法律责任。

（六）竞得人交纳的竞买保证金，挂牌成交后转作受让地块的定金。未竞得人交纳的竞买保证金，我局在挂牌活动结束后5个工作日内予以退还，不计利息。

（七）有下列情形之一的，挂牌人应当在挂牌开始前终止挂牌活动，并通知竞买人：

1. 竞买人串通损害国家利益、社会利益或他人合法权益的；

2. 挂牌工作人员私下接触竞买人，足以影响挂牌公正性的；

3. 应当依法终止挂牌活动的其他情形。

（八）竞得人有下列行为之一的，视为违约，挂牌人可取消其竞得人资格，竞买保证金不予退还：

1. 竞得人逾期或拒绝签订《成交确认书》的；

2. 竞得人逾期或拒绝签订《国有土地使用权出让合同》的。

（九）挂牌成交价即为该幅地块的总地价款，包括__________。

（十）竞得人与出让人签订《国有土地使用权出让合同》后，应当按出让合同约定支付挂牌成交价款。竞得人付清全部挂牌成交价款后，依法申请办理土地登记，领取《国有土地使用证》。

（十一）挂牌不成交的，应当按规定由我局重新组织出让。

（十二）参加挂牌活动的人员，应遵守现场的纪律，服从管理人员的管理。

（十三）其他事项。……

（十四）我局对本《须知》有解释权。未尽事宜依照《招标拍卖挂牌出让国有土地使用权规范》办理。

________国土资源局

____年____月____日

附录 D　投标〔竞买〕申请书示范文本

投标〔竞买〕申请书

____________国土资源局：

经认真阅读编号为______地块的招标〔拍卖〕〔挂牌〕出让文件，我方完全接受并愿意遵守你局国有土地使用权招标〔拍卖〕〔挂牌〕出让文件中的规定和要求，对所有文件均无异议。

我方现正式申请参加你局于____年____月____日在____________（地点）举行的______地块国有土地使用权招标〔拍卖〕〔挂牌〕活动。

我方愿意按招标〔拍卖〕〔挂牌〕出让文件规定，交纳投标〔竞买〕保证金人民币________万元（大写）（¥____）。

若能中标〔竞得〕该地块，我方保证按照国有土地使用权招标〔拍卖〕〔挂牌〕出让文件的规定和要求履行全部义务。

若我方在国有土地使用权招标〔拍卖〕〔挂牌〕出让活动中，出现不能按期付款或有其他违约行为，我方愿意承担全部法律责任，并赔偿由此产生的损失。

特此申请和承诺。

附件：

1. ________________；
2. ________________；

……

申 请 人：________________________________（加盖公章）

法定代表人（或授权委托代理人）签名：______________

联 系 人：______________________________

地　　址：______________________________

邮政编码：______________________________

电　　话：______________________________

申请日期：______年______月______日

附录 E 投标〔竞买〕资格确认书示范文本

投标〔竞买〕资格确认书

____________（投标〔竞买〕人名称）：

你方提交的对____号地块的投标〔竞买〕申请书及相关文件资料收悉。经审查，你方已按规定交纳了投标〔竞买〕保证金，所提交文件资料符合我方本次招标〔拍卖〕〔挂牌〕出让文件的规定和要求，现确认你方具备参加本次国有土地使用权投标〔拍卖竞买〕〔挂牌竞买〕资格。请持此《投标〔竞买〕资格确认书》参加我局于____年____月____日____时在____________（地点）举行的国有土地使用权招标〔拍卖〕〔挂牌〕活动。

____________国土资源局

____年____月____日

附录 F　国有土地使用权招标出让投标书示范文本

国有土地使用权招标出让投标书

____________国土资源局：

经认真阅读____号地块招标出让文件和现场踏勘，我方完全接受招标出让文件中的规定和要求，愿意以人民币________万元（大写）（￥____）的价格竞投该地块国有土地使用权。按照招标文件规定，我方随本标书一同提交以下文件：

（1）______________________；

（2）______________________；

……

我方承诺，所提交的标书及相关文件真实准确。

我方已按招标出让文件的规定，交纳了人民币________万元（大写）（￥____）的投标保证金。我方承诺，在接到你局发出的《中标通知书》后，将按约定及时签订《国有土地使用权出让合同》。如果我方未在规定期限内签订《国有土地使用权出让合同》，或不能按《国有土地使用权出让合同》约定交付全部中标价款，或违反招标文件的规定，或不履行本投标书承诺等，均可被视为违约，你局可不退还我方交纳的投标保证金。

在《中标通知书》发出后、《国有土地使用权出让合同》签订及履行以前，本标书为你局与我方之间具有法律约束力的文件。

其他需要说明的事项：________________

投 标 人：______________________________（加盖公章）

法定代表人（或授权委托代理人）签名：______________

联 系 人：________________________________

地 址：________________________________

邮政编码：________________________________

电 话：________________________________

投标日期：______年______月______日

附录G 国有土地使用权挂牌出让竞买报价单示范文本

国有土地使用权挂牌出让竞买报价单

竞买人编号：________

<table>
<tr><td>地块编号</td><td></td><td rowspan="4">由竞买人填写</td></tr>
<tr><td>竞买报价</td><td>人民币________万元（大写）
¥________</td></tr>
<tr><td>竞 买 人</td><td>名称：（加盖公章）</td></tr>
<tr><td>法定代表人
（或授权委托代理人）</td><td>（签名）</td></tr>
<tr><td>收到报价时间</td><td>____年____月____日____时____分</td><td rowspan="3">由挂牌主持人填写</td></tr>
<tr><td>挂牌主持人</td><td>（签名）</td></tr>
<tr><td>确认时间</td><td>____年____月____日____时____分</td></tr>
</table>

附录 H　授权委托书示范文本

授权委托书

<table>
<tr><td colspan="2">委　托　人</td><td colspan="2">受　托　人</td></tr>
<tr><td>姓　　名</td><td></td><td>姓　　名</td><td></td></tr>
<tr><td>性　　别</td><td></td><td>性　　别</td><td></td></tr>
<tr><td>出生日期</td><td></td><td>出生日期</td><td></td></tr>
<tr><td>工作单位</td><td></td><td>工作单位</td><td></td></tr>
<tr><td>职　　务</td><td></td><td>职　　务</td><td></td></tr>
<tr><td rowspan="2">证件号码</td><td>身份证（　）护照（　）</td><td rowspan="2">证件号码</td><td>身份证（　）护照（　）</td></tr>
<tr><td></td><td></td></tr>
<tr><td colspan="4">本人授权________（受托人）代表本人参加____年____月____日在__________（地点）举办的编号为____地块的国有土地使用权招标〔拍卖〕〔挂牌〕出让活动，代表本人签订《国有土地使用权出让合同》等具有法律意义的文件、凭证等。
受托人在该地块招标〔拍卖〕〔挂牌〕出让活动中所做出的承诺、签署的合同或文件，本人均予以承认，并承担由此产生的法律后果。
委托人（签名）：________
____年____月____日</td></tr>
<tr><td>备　注</td><td colspan="3">兹证明本委托书确系本单位法定代表人________亲自签署。
（单位公章）
____年____月____日</td></tr>
</table>

附录 I 中标通知书示范文本

中标通知书

__________（中标人名称）：

现确定你方为编号____地块的国有土地使用权招标出让中标人，有关事项通知如下：

该地块中标单价为每平方米人民币________元（大写）（￥____），总价为人民币________万元（大写）（￥____）。其中，出让金单价为每平方米人民币________元（大写）（￥____），总价为人民币________万元（大写）（￥____）。

本《中标通知书》一经签发，即视为成交。你方交纳的投标保证金，自动转作受让地块的定金。你方应当于____年____月____日之前，持本《中标通知书》到____________（地点）与____________国土资源局签订《国有土地使用权出让合同》。不按期签订《国有土地使用权出让合同》的，视为你方放弃中标资格，你方应承担相应法律责任。

本《中标通知书》一式____份，招标人执____份，中标人执____份。

特此通知。

招　标　人：____________________（加盖公章）

____年____月____日

附录J　成交确认书示范文本

成交确认书

在____年____月____日____________（地点）举办的国有土地使用权拍卖〔挂牌〕出让活动中，________（竞得人）竞得编号____地块的国有土地使用权。现将有关事项确认如下：

该地块成交单价为每平方米人民币__________元（大写）（￥____），总价为人民币________万元（大写）（￥____）。其中，出让金单价为每平方米人民币________元（大写）（￥____），总价为人民币________万元（大写）（￥____）。

竞得人交纳的竞买保证金，自动转作受让地块的定金。____________（竞得人）应当于____年____月____日之前，持本《成交确认书》到____________（地点）与____________国土资源局签订《国有土地使用权出让合同》。不按期签订《国有土地使用权出让合同》的，视为竞得人放弃竞得资格，竞得人应承担相应法律责任。

本《成交确认书》一式____份，拍卖〔挂牌〕人执____份，竞得人执____份。

特此确认。

拍卖〔挂牌〕人：________________

竞　　得　　人：________________

____年____月____日

协议出让国有土地使用权规范

（试　　行）

2006年5月31日发布　　　　　　2006年8月1日实施

中华人民共和国国土资源部　发布

目 次

前　言

为完善国有土地使用权出让制度，规范国有土地使用权协议出让行为，统一程序和标准，加强国有土地资产管理，推进土地市场建设，根据《中华人民共和国土地管理法》、《中华人民共和国城市房地产管理法》、《中华人民共和国城镇国有土地使用权出让和转让暂行条例》、《协议出让国有土地使用权规定》等规定，制定本规范。

本规范的附录 A、附录 B 为协议出让活动中所需文本示范格式。

本规范由国土资源部提出并归口。

本规范起草单位：国土资源部土地利用管理司、国土资源部土地整理中心、辽宁省国土资源厅、黑龙江省国土资源厅、江苏省国土资源厅。

本规范主要起草人员：廖永林、冷宏志、岳晓武、雷爱先、高永、谢量雄、吴迪、宋玉波、牟傲风、叶卫东、钟松钇、林立淼、申亮、陈梅英、周旭、沈飞、张昉。

本规范参加起草人员（以姓氏笔画为序）：于世专、马尚、王薇、车长志、邓岳方、叶元蓬、叶东、任钊洪、关文荣、刘显祺、刘祥元、刘瑞平、朱育德、闫洪溪、严政、吴永高、吴海洋、张万中、张英奇、李延荣、李晓娟、李晓斌、束克欣、杨玉芳、杨江正、肖建军、陈永真、陈国庆、林君衡、罗演广、祝军、胡立兵、胡红兵、赵春华、郝吉虎、高志云、徐建设、涂高坤、秦水龙、钱友根、梁红、黄文波、韩建国、韩洪伟、靳薇、潘洪嵩、魏成、魏莉华。

本规范由国土资源部负责解释。

1 适用范围

在中华人民共和国境内以协议方式出让国有土地使用权，适用本规范；以协议方式租赁国有土地使用权、出让国有土地他项权利，参照本规范执行。

2 引用的标准和文件

下列标准和文件所包含的条文，通过在本规范中引用而构成本规范的条文。本规范颁布时，所示版本均为有效。使用本规范的各方应使用下列各标准和文件的最新版本。

GB/T 18508—2001 《城镇土地估价规程》

国土资发［2000］303号 《国有土地使用权出让合同示范文本》

国土资发［2001］255号 《全国土地分类》

国土资发［2004］232号《工业建设项目用地控制指标》

3 依 据

(1)《中华人民共和国土地管理法》；

(2)《中华人民共和国城市房地产管理法》;

(3)《中华人民共和国城市规划法》;

(4)《中华人民共和国行政许可法》;

(5)《中华人民共和国合同法》;

(6)《中华人民共和国城镇国有土地使用权出让和转让暂行条例》;

(7)《建立健全教育、制度、监督并重的惩治和预防腐败体系实施纲要》(中发［2005］3号);

(8)《国务院关于加强国有土地资产管理的通知》(国发［2001］15号);

(9)《国务院关于深化改革严格土地管理的决定》(国发［2004］28号);

(10)《协议出让国有土地使用权规定》(国土资源部令第21号)。

4 总 则

4.1 协议出让国有土地使用权内涵

本规范所称协议出让国有土地使用权，是指市、县国土资源管理部门以协议方式将国有土地使用权在一定年限内出让给土地使用者，由土地使用者支付土地使用权出让金的行为。

4.2 协议出让国有土地使用权原则

(1) 公开、公平、公正;

(2) 诚实信用。

4.3 协议出让国有土地使用权范围

出让国有土地使用权，除依照法律、法规和规章的规定应当采用招标、拍卖或者挂牌方式外，方可采取协议方式，主要包括以下情况:

(1) 供应商业、旅游、娱乐和商品住宅等各类经营性用地以外用途的土地，其供地计划公布后同一宗地只有一个意向用地者的;

(2) 原划拨、承租土地使用权人申请办理协议出让，经依法批准，可以采取协议方式，但《国有土地划拨决定书》、《国有土地租赁合同》、法律、法规、行政规定等明确应当收回土地使用权重新公开出让的除外;

(3) 划拨土地使用权转让申请办理协议出让，经依法批准，可以采取协议方式，但《国有土地划拨决定书》、法律、法规、行政规定等明确应当收回土地使用权重新公开出让的除外;

(4) 出让土地使用权人申请续期，经审查准予续期的，可以采用协议方式;

(5) 法律、法规、行政规定明确可以协议出让的其他情形。

4.4 协议出让国有土地使用权组织管理

国有土地使用权协议出让由市、县国土资源管理部门组织实施。

国有土地使用权出让实行集体决策。市、县国土资源管理部门可根据实际情况成立国有土地使用权出让协调决策机构，负责协调解决出让中的相关问题，集体确定有关事项。

4.5 协议出让价格争议裁决

对于经营性基础设施、矿业开采等具有独占性和排他性的用地，应当建立协议出让价格争议裁决机制。此类用地协议出让过程中，意向用地者与出让方在出让价格方面有争议难以达成一致，意向用地者认为出让方提出的出让价格明显高于土地市场价格的，可提请出让方的上一级国土资源管理部门进行出让价格争议裁决。

4.6 地方补充规定

地方可对本规范做出补充规定或实施细则，并报上一级国土资源管理部门备案。

5 供地环节的协议出让

5.1 供地环节协议出让国有土地使用权的一般程序

(1) 公开出让信息，接受用地申请，确定供地方式；

(2) 编制协议出让方案；

(3) 地价评估，确定底价；

(4) 协议出让方案、底价报批；

(5) 协商，签订意向书；

(6) 公示；

(7) 签订出让合同，公布出让结果；

(8) 核发《建设用地批准书》，交付土地；

(9) 办理土地登记；

(10) 资料归档。

5.2 公开出让信息，接受用地申请，确定供地方式

5.2.1 市、县国土资源管理部门应当将经批准的国有土地使用权出让计划向社会公布。有条件的地方可以根据供地进度安排，分阶段将国有土地使用权出让计划细化落实到地段、地块，并将相关信息及时向社会公布。国有土地使用权出让计划以及细化的地段、地块信息应当同时通过中国土地市场网(www.landchina.com)公布。

5.2.2 市、县国土资源管理部门公布国有土地使用权出让计划、细化的地段、地块信息，应当同时明确用地者申请用地的途径和方式，公开接受用地申请。

5.2.3 需要使用土地的单位和个人（以下简称意向用地者）应当根据公布的国有土地使用权出让计划，细化的地段、地块信息以及自身用地需求，向市、县国土资源管理部门提出用地申请。

5.2.4 在规定时间内，同一地块只有一个意向用地者的，市、县国土资源管理部门方可采取协议方式出让，但属于商业、旅

游、娱乐和商品住宅等经营性用地除外。对不能确定是否符合协议出让范围的具体宗地，可由国有土地使用权出让协调决策机构集体认定。

5.3 编制协议出让方案

市、县国土资源管理部门应当会同规划等部门，依据国有土地使用权出让计划、城市规划和意向用地者申请的用地类型、规模等，编制国有土地使用权协议出让方案。

协议出让方案应当包括：拟出让地块的位置、四至、用途、面积、年限、土地使用条件、供地时间、供地方式等。

5.4 地价评估，确定底价

5.4.1 地价评估

市、县国土资源管理部门应当根据拟出让地块的条件和土地市场情况，按照《城镇土地估价规程》，组织对拟出让地块的正常土地市场价格进行评估。

地价评估由市、县国土资源管理部门或其所属事业单位组织进行，根据需要也可以委托具有土地估价资质的土地或不动产评估机构进行评估。

5.4.2 确定底价

市、县国土资源管理部门或国有土地使用权出让协调决策机构应当根据土地估价结果、产业政策和土地市场情况等，集体决策，综合确定协议出让底价。

协议出让底价不得低于拟出让地块所在区域的协议出让最低价。

出让底价确定后，在出让活动结束之前应当保密，任何单位和个人不得泄露。

5.5 协议出让方案、底价报批

市、县国土资源管理部门应当按规定将协议出让方案、底价报有批准权的人民政府批准。

5.6 协商，签订意向书

市、县国土资源管理部门依据经批准的协议出让方案和底价，与意向用地者就土地出让价格等进行充分协商、谈判。协商谈判时，国土资源管理部门参加谈判的代表应当不少于2人。

双方协商、谈判达成一致，并且议定的出让价格不低于底价的，市、县国土资源管理部门应当与意向用地者签订《国有土地使用权出让意向书》。

5.7 公　　示

5.7.1 《国有土地使用权出让意向书》签订后，市、县国土资源管理部门将意向出让地块的位置、用途、面积、出让年限、土地使用条件、意向用地者、拟出让价格等内容在当地土地有形市场等指定场所以及中国土地市场网进行公示，并注明意见反馈途径和方式。公示时间不得少于5日。

5.7.2 公示期间，有异议且经市、县国土资源管理部门审查发现确实存在违反法律法规行为的，协议出让程序终止。

5.8 签订出让合同，公布出让结果

公示期满，无异议或虽有异议但经市、县国土资源管理部门审查没有发现存在违反法律法规行为的，市、县国土资源管理部门应当按照《国有土地使用权出让意向书》约定，与意向用地者签订《国有土地使用权出让合同》。

《国有土地使用权出让合同》签订后7日内，市、县国土资源管理部门将协议出让结果通过中国土地市场网以及土地有形市场等指定场所向社会公布，接受社会监督。

公布出让结果应当包括土地位置、面积、用途、开发程度、土地级别、容积率、出让年限、供地方式、受让人、成交价格和成交时间等内容。

5.9 核发《建设用地批准书》，交付土地

市、县国土资源管理部门向受让人核发《建设用地批准书》，并按照《国有土地使用权出让合同》、《建设用地批准书》约定的时间和条件将出让土地交付给受让人。

5.10 办理土地登记

受让人按照《国有土地使用权出让合同》约定付清全部国有土地使用权出让金，依法申请办理土地登记手续，领取《国有土地使用证》，取得土地使用权。

5.11 资料归档

协议出让手续全部办结后，市、县国土资源管理部门应当对宗地出让过程中的出让信息公布、用地申请、审批、谈判、公示、签订合同等各环节相关资料、文件进行整理，并按规定归档。应归档的宗地出让资料包括：

(1) 用地申请材料；

(2) 宗地条件、宗地规划指标要求；

(3) 宗地评估报告；

(4) 宗地出让底价及集体决策记录；

(5) 协议出让方案；

(6) 出让方案批复文件；

(7) 谈判记录；

(8)《协议出让意向书》；

(9) 协议出让公示资料；

(10)《国有土地使用权出让合同》；

(11) 协议出让结果公告资料；

(12) 核发建设用地批准书与交付土地的相关资料；

(13) 其他应归档的材料。

6 原划拨、承租土地使用权人申请办理协议出让

6.1 原划拨、承租土地使用权人申请办理协议出让的，分别按

下列情形处理：

(1) 不需要改变原土地用途等土地使用条件，且符合规划的，报经市、县人民政府批准后，可以采取协议出让手续；

(2) 经规划管理部门同意可以改变土地用途等土地使用条件的，报经市、县人民政府批准，可以办理协议出让手续，但《国有土地划拨决定书》、《国有土地租赁合同》、法律、法规、行政规定等明确应当收回划拨土地使用权公开出让的除外。

6.2 申请与受理

6.2.1 原划拨、承租土地使用权拟申请办理出让手续的，应由原土地使用权人持下列有关材料，向市、县国土资源管理部门提出申请：

(1) 申请书；

(2)《国有土地使用证》、《国有土地划拨决定书》或《国有土地租赁合同》；

(3) 地上建筑物、构筑物及其他附着物的产权证明；

(4) 原土地使用权人有效身份证明文件；

(5) 改变用途的应当提交规划管理部门的批准文件；

(6) 法律、法规、行政规定明确应提交的其他相关材料。

6.2.2 市、县国土资源管理部门接到申请后，应当对申请人提交的申请材料进行初审，决定是否受理。

6.3 审查，确定协议出让方案

6.3.1 审查

市、县国土资源管理部门受理申请后，应当依据相关规定对申请人提交的申请材料进行审查，并就申请地块的土地用途等征询规划管理部门意见。经审查，申请地块用途符合规划，并且符合办理协议出让手续条件的，市、县国土资源管理部门应当组织地价评估，确定应缴纳的土地出让金额，拟订协议出让方案。

6.3.2 地价评估

市、县国土资源管理部门应当组织对申请地块的出让土地使用权市场价格和划拨土地使用权权益价格或承租土地使用权市场价格进行评估，估价基准期日为拟出让时点。改变土地用途等土地使用条件的，出让土地使用权价格应当按照新的土地使用条件评估。

6.3.3 核定出让金额，拟订出让方案

市、县国土资源管理部门或国有土地使用权出让协调决策机构应当根据土地估价结果、产业政策和土地市场情况等，集体决策、综合确定协议出让金额，并拟订协议出让方案。

6.3.3.1 申请人应缴纳土地使用权出让金额分别按下列公式核定：

(1) 不改变用途等土地使用条件的

应缴纳的土地使用权出让金额 = 拟出让时的出让土地使用权市场价格 - 拟出让时的划拨土地使用权权益价格或承租土地使用权市场价格

(2) 改变用途等土地使用条件的

应缴纳的土地使用权出让金额 = 拟出让时的新土地使用条件下出让土地使用权市场价格 - 拟出让时的原土地使用条件下划拨土地使用权权益价格或承租土地使用权市场价格

6.3.3.2 协议出让方案应当包括：拟办理出让手续的地块位置、四至、用途、面积、年限、拟出让时间和应缴纳的出让金额等。

6.4 出让方案报批

市、县国土资源管理部门应当按照规定，将协议出让方案报市、县人民政府审批。

6.5 签订出让合同，公布出让结果

市、县人民政府批准后，国土资源管理部门应当按照批准的协议出让方案，依法收回原土地使用权人的《国有土地划拨决定书》或解除《国有土地租赁合同》，注销土地登记，收回原土地证书，并与申请人签订《国有土地使用权出让合同》。

《国有土地使用权出让合同》签订后，市、县国土资源管理部门应当按照5.8的规定公布协议出让结果。

6.6 办理土地登记

按 5.10 规定办理。

6.7 资料归档

协议出让手续全部办结后，市、县国土资源管理部门应当对宗地出让过程中的用地申请、审批、签订合同等各环节相关资料、文件进行整理，并按规定归档。应归档的宗地出让资料包括：

（1）申请人的申请材料；

（2）宗地条件及相关资料；

（3）土地评估资料；

（4）出让金额确定资料；

（5）协议出让方案；

（6）出让方案批复文件；

（7）《国有土地使用权出让合同》；

（8）协议出让公告资料；

（9）其他应归档的材料。

7 划拨土地使用权转让中的协议出让

7.1 划拨土地使用权申请转让，经市、县人民政府批准，可以由受让人办理协议出让，但《国有土地划拨决定书》、法律、法规、行政规定等明确应当收回划拨土地使用权重新公开出让的除外。

7.2　申请与受理

7.2.1　原土地使用权人应当持下列有关材料，向市、县国土资源管理部门提出划拨土地使用权转让申请：

(1) 申请书；

(2)《国有土地使用证》、《国有土地划拨决定书》；

(3) 地上建筑物、构筑物及其他附着物的产权证明；

(4) 原土地使用权人有效身份证明文件；

(5) 共有房地产，应提供共有人书面同意的意见；

(6) 法律、法规、行政规定明确应提交的其他相关材料。

7.2.2　市、县国土资源管理部门接到申请后，应当对申请人提交的申请材料进行初审，决定是否受理。

7.3　审查，确定协议出让方案

7.3.1　审查

市、县国土资源管理部门受理申请后，应当依据相关规定对申请人提交的申请材料进行审查，并就申请地块的土地用途等征询规划管理部门意见。经审查，申请地块用途符合规划，并且符合办理协议出让手续条件的，市、县国土资源管理部门应当组织地价评估，确定应缴纳的土地出让金额，拟订协议出让方案。

7.3.2　地价评估

市、县国土资源管理部门应当组织对申请转让地块的出让土地使用权市场价格和划拨土地使用权权益价格进行评估，估价基准期日为拟出让时点。

7.3.3 核定出让金额，拟订出让方案

市、县国土资源管理部门或国有土地使用权出让协调决策机构应当根据土地估价结果、产业政策和土地市场情况等，集体决策、综合确定办理出让手续时应缴纳土地使用权出让金额，并拟订协议出让方案。

7.3.3.1 应缴纳土地使用权出让金额应当按下式核定：

(1) 转让后不改变用途等土地使用条件的

应缴纳的土地使用权出让金额 = 拟出让时的出让土地使用权市场价格 - 拟出让时的划拨土地使用权权益价格

(2) 转让后改变用途等土地使用条件的

应缴纳的土地使用权出让金额 = 拟出让时的新土地使用条件下出让土地使用权市场价格 - 拟出让时的原土地使用条件下划拨土地使用权权益价格

7.3.3.2 协议出让方案应当包括：拟办理出让手续的地块位置、四至、用途、面积、年限、土地使用条件、拟出让时间和出让时应缴纳的出让金额等。

7.4 出让方案报批

市、县国土资源管理部门应当按照规定，将协议出让方案报市、县人民政府审批。

7.5 公开交易

协议出让方案批准后，市、县国土资源管理部门应向申请人

发出《划拨土地使用权准予转让通知书》。

《划拨土地使用权准予转让通知书》应当包括准予转让的标的、原土地使用权人、转让确定受让人的要求、受让人的权利、义务、应缴纳的土地出让金等。

取得《划拨土地使用权准予转让通知书》的申请人，应当将拟转让的土地使用权在土地有形市场等场所公开交易，确定受让人和成交价款。

7.6 签订出让合同，公布出让结果

通过公开交易确定受让方和成交价款后，转让人应当与受让人签订转让合同，约定双方的权利和义务，明确划拨土地使用权转让价款。

受让人应在达成交易后 10 日内，持转让合同、原《国有土地使用证》、《划拨土地使用权准予转让通知书》、转让方和受让方的身份证明材料等，向市、县国土资源管理部门申请办理土地出让手续。

市、县国土资源管理部门应当按照批准的协议出让方案、公开交易情况等，依法收回原土地使用权人的《国有土地划拨决定书》，注销土地登记，收回原土地证书，与受让方签订《国有土地使用权出让合同》。

市、县国土资源管理部门应当按照 5.8 有关规定公布协议出让结果。

7.7 办理土地登记

按 5.10 规定办理。

7.8 资料归档

出让手续办结后，市、县国土资源管理部门应当对宗地出让过程中的用地申请、审批、交易、签订合同等各环节相关资料、文件进行整理，并按规定归档。应归档的宗地出让资料包括：

（1）申请人的申请材料；

（2）宗地条件及相关资料；

（3）土地评估资料；

（4）出让金额确定资料；

（5）协议出让方案；

（6）出让方案批复文件；

（7）《划拨土地使用权准予转让通知书》等相关资料；

（8）公开交易资料及转让合同等资料；

（9）《国有土地使用权出让合同》；

（10）协议出让公告资料；

（11）其他应归档的材料。

8 出让土地改变用途等土地使用条件的处理

出让土地申请改变用途等土地使用条件，经出让方和规划管理部门同意，原土地使用权人可以与市、县国土资源管理部门签订《国有土地使用权出让合同变更协议》或重新签订《国有土地使用权出让合同》，调整国有土地使用权出让金，但《国有土地使用权出让合同》、法律、法规、行政规定等明确应当收回土地使用权重新公开出让的除外。原土地使用权人应当按照国有土地使用权出让合同变更协议或重新签订的国有土地使用权出让合同约定，及时补缴土地使用权出让金额，并按规定办理土地登记。

调整国有土地使用权出让金额应当根据批准改变用途等土地使用条件时的土地市场价格水平，按下式确定：

应当补缴的土地出让金额=批准改变时的新土地使用条件下土地使用权市场价格－批准改变时原土地使用条件下剩余年期土地使用权市场价格

附录A 国有土地使用权出让意向书示范文本格式

国有土地使用权出让意向书

出让人：______省（自治区、直辖市）______市（县）________局（甲方）；

拟受让人：____________________（乙方）。

甲方与乙方本着平等、自愿、有偿、诚实信用的原则，经过双方协商一致，达成以下用地意向：

第一条　甲方将位于______的宗地使用权出让给乙方，宗地编号为____，宗地面积（大写）____平方米（小写____平方米）。宗地四至：东____________，南____________，西__________，北__________。

第二条　本用地意向书项下拟出让宗地的用途为________，土地使用权出让年期为__________年。

第三条　甲方同意在交付土地时该宗地应达到本条第________项规定的土地条件：

（一）达到场地平整和周围基础设施________通，即____________。

（二）周围基础设施达到__________________通，即____________，但场地尚未拆迁和平整，建筑物和其他地上物状况如下：____________。

（三）现状土地条件：____________________。

第四条　本用地意向书项下的土地使用权出让价款为每平方米人民币________元（大写）（¥________）；总额为人民币________（大写）万元（¥________），其中，国有土地使用权出让金为每平方米人民币________元（大写）（￥________）；总额为人民币________（大写）万元（￥________），付款方式为____________。

第五条　乙方在本用地意向书的宗地范围内新建建筑物的，应符合下列要求：

主体建筑物性质____________________；

附属建筑物性质____________________；

建筑容积率____________________；

建筑密度____________________；

建筑限高____________________；

投资强度____________________；

绿地比例____________________；

开工建设时间____________________；

竣工时间____________________；

其他土地利用要求____________________。

第六条　乙方同意在本用地意向书项下的宗地范围内一并修建下列工程，并在建成后，无偿移交给政府：

（1）____________________；

（2）____________________；

……

第七条　乙方知悉本《国有土地使用权出让意向书》的内容需要在土地交易场所和中国土地市场网上公示____日，并根据公示期满的反馈情况，按以下情况处理：

（一）公示期间，有异议且经甲方审查发现确实存在违反法律法规行为的，协议出让程序终止。

（二）公示期满，无异议或虽有异议但经甲方审查没有发现存在违反法律法规行为的，双方将按本意向书约定签订《国有土地使用权出让合同》。

第八条 符合本意向书第七条第二项规定条件的，双方同意于____年____月____日在________签订《国有土地使用权出让合同》。

第九条 未尽事宜，可由双方约定后作为附件，与本意向书具有同等法律效力。

出让人（甲方）：	拟受让人（乙方）：
地址：	地址：
法定代表人（委托代理人）（签字）：	法定代表人（委托代理人）（签字）：
电话：	电话：
邮政编码：	邮政编码：

年 月 日

附录 B 划拨土地使用权准予转让通知书示范文本格式

划拨土地使用权准予转让通知书

________（申请人名称）：

根据你方申请，报经________市（县）人民政府批准，准予你方目前所使用的位于________的国有划拨土地使用权转让。该宗地面积为________，用途为________，宗地号为________。请持本通知书，按规定将该宗地使用权在土地有形市场等场所公开交易，确定受让人和成交价款，并签订转让合同。

你方与受让人达成交易后10日内，双方应持转让合同、原《国有土地使用证》、《划拨土地使用权准予转让通知书》、转让方和受让方的身份证明材料等，向我局申请办理土地出让手续，并由受让人与我局签订《国有土地使用权出让合同》，缴纳土地使用权出让金，土地出让金不得低于每平方米________（大写）元（￥________）。

本通知书有效期为____（最长不得超过6个月）。

____________________国土资源局（盖章）

年　月　日

关于《招标拍卖挂牌出让国有土地使用权规范》和《协议出让国有土地使用权规范》有关问题的说明

为健全和完善经营性土地出让制度，规范协议出让行为，根据党中央、国务院、中央纪委要求和部任务分工，国土资源部组织编制了《招标拍卖挂牌出让国有土地使用权规范》和《协议出让国有土地使用权规范》（以下简称《规范》）。2006年5月31日，国土资源部颁布了《规范》（试行），自2006年8月1日试行。

一、制定《规范》的必要性

为深化国有土地使用制度改革，规范国有土地出让行为，优化土地资源配置，2002年、2003年，国土资源部先后下发了《招标拍卖挂牌出让国有土地使用权规定》（国土资源部令第11号）和《协议出让国有土地使用权规定》（国土资源部令第21号），明确了国有土地招标拍卖挂牌和协议出让的范围，规范了招标拍卖挂牌和协议出让的程序，进一步完善了国有土地出让制度。

近几年来，国土资源系统认真贯彻落实11号令和21号令，狠抓出让制度建设，严格纪律规定，加强专项执法监察，严肃查处违法违纪行为，国有土地出让工作取得明显进展。经营性土地“招、拍、挂”制度在全国基本确立，协议出让行为逐步规范，土地市场信息公开力度进一步加大，市场在土地资源配置中的基础性作用进一步得到发挥。2002 年至 2005 年，全国出让土地分别为：12.42、19.36、18.15、16.32 万公顷，其中“招、拍、挂”出让土地分别为 1.81、5.19、5.24、5.72 万公顷，“招、拍、挂”出让面积占出让总面积的比例分别为 14.57%、26.81%、28.86%和 35.06%。

但是，国有土地出让中仍然存在着一些问题，主要是：一些地方国有土地出让信息公开程度不够，操作行为和操作程序不规范。这些问题不解决，不利于规范国有土地出让行为，不利于国有土地出让制度的进一步落实，不利于更大程度地发挥市场配置土地资源的基础性作用。解决这些问题，需要进一步统一出让程序和标准，明确操作规范。

党中央、国务院和中央纪委对完善国有土地使用权出让制度高度重视。2005 年 1 月，中央下发了《建立健全教育、制度、监督并重的惩治和预防腐败体系实施纲要》（中发［2005］3 号）。在《实施纲要》中明确提出：规范和完善工程建设招标投标、土地使用权出让、产权交易、政府采购等制度。加强土地出让制度建设，严格控制划拨用地和协议出让土地范围。同年 9 月，中共中央办公厅、国务院办公厅联合下发了《印发〈中央纪委在落实建立健全教育、制度、监督并重的惩治和预防腐败体系实施纲要 2007 年底前工作要点〉的通知》（中办厅字［2005］14 号），进一步明确提出：逐步完善土地使用权出让制度，2005 年编制《协议出让国有土地使用权操作规范》、《招标拍卖挂牌出让国有土地使用权操作规范》，2006 年至 2007 年，提出划拨用地和协议出让土地实行公示制度的实施意见，国土资源部为牵头单位。

按照中央要求，国土资源部在《中共国土资源部党组关于贯彻落实〈建立健全教育、制度、监督并重的惩治和预防腐败体系实施纲要〉的意见》（国土资党发［2005］34号）中提出：2005年，组织制订《招标拍卖挂牌出让国有土地使用权操作规范》和《协议出让国有土地使用权操作规范》，提出划拨用地和协议出让土地实行公示制度的实施意见。

二、《规范》的主要内容

《招标拍卖挂牌出让国有土地使用权规范》主要包括：国有土地招标拍卖挂牌出让的适用范围、引用的标准、法规依据、总则、公布出让计划和确定供地方式、编制和确定出让方案、评估地价和确定出让底价、编制出让文件、发布公告、申请和资格审查、招标拍卖挂牌活动的具体实施程序、签订出让合同和公布出让结果、核发《建设用地批准书》和交付土地、办理土地登记、资料归档等17项内容。在《规范》的附录部分，明确了出让预申请书、招标拍卖挂牌出让公告、招标邀请书、招标拍卖挂牌出让须知、投标（竞买）申请书、投标（竞买）资格确认书、投标书、挂牌出让竞买报价单、授权委托书、中标通知书和成交确认书等15个示范文本格式。

《协议出让国有土地使用权规范》主要包括：国有土地协议出让的适用范围、引用的标准、政策依据、总则、供地环节的协议出让、原划拨和承租土地使用权人申请办理协议出让、划拨土地使用权转让中的协议出让、出让土地改变用途等土地使用条件的处理等8项内容。在《规范》的附录部分，明确了出让意向书和划拨土地使用权准予转让通知书两个示范文本格式。

三、关于《规范》中有关问题的说明

（一）关于《规范》的性质

国土资源部11号令和21号令已经对国有土地招标拍卖挂牌

和协议出让的原则、范围、实施程序进行了明确规定，《规范》是在以部令和其他相关法律法规为政策依据的前提下，从程序上、技术标准上和可操作性上对招标拍卖挂牌出让和协议出让活动做进一步的细化和规范，属于技术标准和操作规范性质。

（二）关于出让方式的确定

两个《规范》根据11号令和21号令的规定，在具体宗地出让方式的确定方面采取了两项措施：一是对招标拍卖挂牌出让和协议出让的范围进行了细化：《招标拍卖挂牌出让规范》对（1）商业、旅游、娱乐和商品住宅等各类经营性用地以及有竞争要求的工业用地，（2）其他土地供地计划公布后同一宗地有两个或者两个以上意向用地者，（3）划拨土地使用权改变用途，（4）划拨土地使用权转让，（5）出让土地使用权改变用途等按法律法规规定必须实行招标拍卖挂牌出让的五种情形，进行了明确规定。《协议出让规范》对（1）四类非经营性用地以外用途的土地，供地计划公布后同一宗地只有一个意向用地者的，（2）原划拨、承租土地使用权人可以补办协议出让的情形，（3）划拨土地使用权转让可以办理协议出让的情形，（4）出让土地使用权人申请续期可以办理协议出让的情形进行了明确规定；二是明确建立出让方式选择的集体认定机制。

（三）关于用地预申请

为充分了解市场需求情况，科学合理安排供地规模和进度，促进招标拍卖挂牌出让制度的有效落实，在总结福建、广东等地实践经验的基础上，《国有土地使用权招标拍卖挂牌出让规范》（试行）提出有条件的地方可以建立用地预申请制度。这一制度的目的是为了增加土地部门对市场需求情况的了解渠道，也为发挥土地专业机构、人员和使用者的能动性，及时参与土地出让和使用策划提供便利，意向用地者提出用地预申请后仍必须通过招标拍卖挂牌活动竞争才可能取得土地使用权，这是对招拍挂出让制度的进一步细化和完善，而不是设定新的制度。为此，规范明确“为充分了解市场需求情况，科学合理安排供地规模和进度，有条件的地方，可以建立用地预申请制度。单位和个人对列入招标拍卖挂牌出让计划内的具体地块有使用意向的，可以提出用地预申请，并承诺愿意支付的土地价格。市、县国土资源管理部门认为其承诺的土地价格和条件可以接受的，应当根据土地出让计划和土地市场情况，适时组织实施招标拍卖挂牌出让活动，并通知提出该宗地用地预申请的单位或个人参加。提出用地预申请的单位、个人，应当参加该宗地竞投或竞买，且报价不得低于其承诺的土地价格。”同时，规范附录提供了“用地预申请表”示范文本。

（四）关于协议出让公示制度

按照中办厅字［2005］14号文件《2006年至2007年提出划拨用地和协议出让土地实行公示制度实施意见》的要求，《协议出让国有土地使用权规范》明确将国有土地协议出让公示作为协议出让环节，明确市、县国土资源部门依据经批准的协议出让方案和底价，与意向用地者就土地出让价格等进行充分协商谈判，达成一致且议定的出让价格不低于底价的，双方签订《国有土地出让意向书》。市、县国土资源部门将意向出让地块的位置、用途、面积、出让年限、土地使用条件、意向用地者、拟出让价格等信息在当地土地有形市场等指定场所及中国土地市场网进行公示，公示期间有异议且经审查确实存在违反法律法规行为的，协议出让程序终止。公示期满，无异议或虽有异议但经审查不存在违反法律法规行为的，方可按照《意向书》约定签订《国有土地使用权出让合同》。协议出让结果也必须在土地有形市场等指定场所以及中国土地市场网等向社会公开，接受社会监督。

（五）关于协议出让价格争议裁决机制

随着土地使用制度改革进一步深化，经营性基础设施将逐步实行有偿使用，油田等矿业开采用地也将逐步有偿使用，这些用地均具有独占性和排他性，在协议出让过程中很容易产生出让价格争议，为此，《规范》明确此类用地协议出让中应当建立协议出让价格裁决机制，由上一级国土资源管理部门对协议出让中的出让价格争议进行裁决。

国土资源部　国家工商行政管理局
关于发布《国有土地使用权出让合同》示范文本的通知

2000 年 10 月 31 日　国土资发［2000］303 号

各省、自治区、直辖市国土资源厅（国土环境资源厅、国土资源和房屋管理局、房屋土地资源管理局、规划和国土资源局）、工商行政管理局，计划单列市土地管理局（城乡规划土地局、规划国土局）、工商行政管理局：

为贯彻落实《中华人民共和国土地管理法》、《中华人民共和国城市房地产管理法》和《中华人民共和国合同法》，规范国有土地使用权出让合同管理，国土资源部、国家工商行政管理局组织对原国家土地管理局、国家工商行政管理局 1994 年发布的《国有土地使用权出让合同》示范文本进行了修订完善。现将修订后的《国有土地使用权出让合同》示范文本（GF—2000—2601）印发执行。原示范文本（GF—94—1001、GF—94—1002、GF—94—1003、GF—94—1004）同时废止。

GF—2000—2601

合同编号：

国有土地使用权出让合同

中华人民共和国国土资源部
中华人民共和国国家工商行政管理局 监制

使 用 说 明

一、《国有土地使用权出让合同》包括合同正文和附件《出让宗地界址图》。

二、本合同的出让人为有权出让国有土地使用权的人民政府土地行政主管部门。

三、合同第四条土地用途按《城镇地籍调查规程》规定的土地二级分类填写，属于综合用地的，应注明各类具体用途及其所占的面积比例。

四、合同第五条中的土地条件按照双方实际约定选择和填写。属于原划拨土地使用权补办出让手续的，选择第三款；属于待开发建设的用地，应根据出让人承诺交地时的土地开发程度选择第一款或第二款，出让人承诺交付土地时完成拆迁和场地平整的，选择第一款，未完成拆迁和场地平整的，选择第二款，并注明地上待拆迁的建筑物和其他地上物面积等状况。基础设施条件按双方约定填写“七通”、“三通”等，并具体说明基础设施内容，如“通路、通电、通水”等。

五、合同第九条土地使用权出让金支付方式的规定中，双方约定土地使用权出让金一次性付清的，选择第一款，分期支付的，选择第二款。

六、合同第二十条中，属于房屋开发的，选择第一款；属于土地成片开发的，选择第二款。

七、合同第四十条关于合同生效的规定中，宗地出让方案业经有权人民政府批准的，按照第一款规定生效；宗地出让方案未经有权人民政府批准的，按照第二款规定生效。

国有土地使用权出让合同

第一章　总　　则

第一条　本合同当事人双方：

出让人：中华人民共和国________省（自治区、直辖市）________市（县）________________；

受让人：____。

根据《中华人民共和国土地管理法》、《中华人民共和国城市房地产管理法》、《中华人民共和国合同法》和其他法律、行政法规、地方性法规，双方本着平等、自愿、有偿、诚实信用的原则，订立本合同。

第二条　出让人根据法律的授权出让土地使用权，出让土地的所有权属中华人民共和国。国家对其拥有宪法和法律授予的司法管辖权、行政管理权以及其他按中华人民共和国法律规定由国家行使的权力和因社会公众利益所必需的权益。地下资源、埋藏物和市政公用设施均不属于土地使用权出让范围。

第二章　出让土地的交付与出让金的缴纳

第三条　出让人出让给受让人的宗地位于________________

______________，宗地编号为____________，宗地总面积大写___________________平方米（小写____________平方米），其中出让土地面积为大写____________________平方米（小写___________平方米）。宗地四至及界址点坐标见附件《出让宗地界址图》。

第四条　本合同项下出让宗地的用途为____。

第五条　出让人同意在____年____月____日前将出让宗地交付给受让人，出让方同意在交付土地时该宗地应达到本条第____款规定的土地条件：

（一）达到场地平整和周围基础设施__________通，即通_______________________________________。

（二）周围基础设施达到________________通，即通___________________，但场地尚未拆迁和平整，建筑物和其他地上物状况如下：____________________。

（三）现状土地条件。

第六条　本合同项下的土地使用权出让年期为________________________，自出让方向受让方实际交付土地之日起算，原划拨土地使用权补办出让手续的，出让年期自合同签订之日起算。

第七条　本合同项下宗地的土地使用权出让金为每平方米人民币大写____________________元（小写____________________元）；总额为人民币大写_________________________元（小写____________________元）。

第八条　本合同经双方签字后____日内，受让人须向出让人缴付人民币大写__________________________元（小写____________________________元）作为履行合同的定金。定金抵作土地使用权出让金。

第九条　受让人同意按照本条第________款的规定向出让人支付上述土地使用权出让金。

（一）本合同签订之日起____日内，一次性付清上述土地使用权出让金。

（二）按以下时间和金额分____期向出让人支付上述土地使用权出让金。

第一期　人民币大写________________元（小写__________元），付款时间：____年____月____日之前。

第二期　人民币大写________________元（小写__________元），付款时间：________年____月____日之前。

第____期　人民币大写________________元（小写__________元），付款时间：________年____月____日之前。

第____期　人民币大写________________元（小写__________元），付款时间：________年____月____日之前。

分期支付土地出让金的，受让人在支付第二期及以后各期土地出让金时，应按照银行同期贷款利率向出让人支付相应的利息。

第三章　土地开发建设与利用

第十条　本合同签订后____日内，当事人双方应依附件《出让宗地界址图》所标示坐标实地验明各界址点界桩。受让人应妥善保护土地界桩，不得擅自改动，界桩遭受破坏或移动时，受让人应立即向出让人提出书面报告，申请复界测量，恢复界桩。

第十一条　受让人在本合同项下宗地范围内新建建筑物的，应符合下列要求：

主体建筑物性质________________________；

附属建筑物性质________________________；

建筑容积率____________________；

建筑密度____________________；

建筑限高____________________；

绿地比例____________________；

其他土地利用要求____。

第十二条 受让人同意在本合同项下宗地范围内一并修建下列工程，并在建成后无偿移交给政府：

(1)____________________；

(2)____________________；

(3)____________________。

第十三条 受让人同意在____年____月____日之前动工建设。

不能按期开工建设的，应提前30日向出让人提出延建申请，但延建时间最长不得超过一年。

第十四条 受让人在受让宗地内进行建设时，有关用水、用气、污水及其他设施同宗地外主管线、用电变电站接口和引入工程应按有关规定办理。

受让人同意政府为公用事业需要而敷设的各种管道与管线进出、通过、穿越受让宗地。

第十五条 受让人在按本合同约定支付全部土地使用权出让金之日起30日内，应持本合同和土地使用权出让金支付凭证，按规定向出让人申请办理土地登记，领取《国有土地使用证》，取得出让土地使用权。

出让人应在受理土地登记申请之日起30日内，依法为受让人办理出让土地使用权登记，颁发《国有土地使用证》。

第十六条 受让人必须依法合理利用土地，其在受让宗地上的一切活动，不得损害或者破坏周围环境或设施，使国家或他人遭受损失的，受让人应负责赔偿。

第十七条　在出让期限内，受让人必须按照本合同规定的土地用途和土地使用条件利用土地，需要改变本合同规定的土地用途和土地使用条件的，必须依法办理有关批准手续，并向出让人申请，取得出让人同意，签订土地使用权出让合同变更协议或者重新签订土地使用权出让合同，相应调整土地使用权出让金，办理土地变更登记。

第十八条　政府保留对本合同项下宗地的城市规划调整权，原土地利用规划如有修改，该宗地已有的建筑物不受影响，但在使用期限内该宗地建筑物、附着物改建、翻建、重建或期限届满申请续期时，必须按届时有效的规划执行。

第十九条　出让人对受让人依法取得的土地使用权，在本合同约定的使用年限届满前不收回；在特殊情况下，根据社会公共利益需要提前收回土地使用权的，出让人应当依照法定程序报批，并根据收回时地上建筑物、其他附着物的价值和剩余年期土地使用权价格给予受让人相应的补偿。

第四章　土地使用权转让、出租、抵押

第二十条　受让人按照本合同约定已经支付全部土地使用权出让金，领取《国有土地使用证》，取得出让土地使用权后，有权将本合同项下的全部或部分土地使用权转让、出租、抵押，但首次转让（包括出售、交换和赠与）剩余年期土地使用权时，应当经出让人认定符合下列第____款规定之条件：

（一）按照本合同约定进行投资开发，完成开发投资总额的百分之二十五以上；

（二）按照本合同约定进行投资开发，形成工业用地或其他

建设用地条件。

第二十一条　土地使用权转让、抵押，转让、抵押双方应当签订书面转让、抵押合同；土地使用权出租期限超过六个月的，出租人和承租人也应当签订书面出租合同。

土地使用权的转让、抵押及出租合同，不得违背国家法律、法规和本合同的规定。

第二十二条　土地使用权转让，本合同和登记文件中载明的权利、义务随之转移，转让后，其土地使用权的使用年限为本合同约定的使用年限减去已经使用年限后的剩余年限。本合同项下的全部或部分土地使用权出租后，本合同和登记文件中载明的权利、义务仍由受让人承担。

第二十三条　土地使用权转让、出租、抵押，地上建筑物、其他附着物随之转让、出租、抵押；地上建筑物、其他附着物转让、出租、抵押，土地使用权随之转让、出租、抵押。

第二十四条　土地使用权转让、出租、抵押的，转让、出租、抵押双方应在相应的合同签订之日起 30 日内，持本合同和相应的转让、出租、抵押合同及《国有土地使用证》，到土地行政主管部门申请办理土地登记。

第五章　期 限 届 满

第二十五条　本合同约定的使用年限届满，土地使用者需要继续使用本合同项下宗地的，应当至迟于届满前一年向出让人提交续期申请书，除根据社会公共利益需要收回本合同项下土地的，出让人应当予以批准。

出让人同意续期的，受让人应当依法办理有偿用地手续，与出让人重新签订土地有偿使用合同，支付土地有偿使用费。

第二十六条　土地出让期限届满，受让人没有提出续期申请或者虽申请续期但依照本合同第二十五条规定未获批准的，受让人应当交回《国有土地使用证》，出让人代表国家收回土地使用权，并依照规定办理土地使用权注销登记。

第二十七条　土地出让期限届满，受让人未申请续期的，本合同项下土地使用权和地上建筑物及其他附着物由出让人代表国家无偿收回，受让人应当保持地上建筑物、其他附着物的正常使用功能，不得人为破坏，地上建筑物、其他附着物失去正常使用功能的，出让人可要求受让人移动或拆除地上建筑物、其他附着物，恢复场地平整。

第二十八条　土地出让期限届满，受让人提出续期申请而出让人根据本合同第二十五条之规定没有批准续期的，土地使用权由出让人代表国家无偿收回，但对于地上建筑物及其他附着物，出让人应当根据收回时地上建筑物、其他附着物的残余价值给予受让人相应补偿。

第六章　不可抗力

第二十九条　任何一方对由于不可抗力造成的部分或全部不能履行本合同不负责任，但应在条件允许下采取一切必要的补救措施以减少因不可抗力造成的损失。当事人迟延履行后发生不可抗力的，不能免除责任。

第三十条　遇有不可抗力的一方，应在____小时内将事件的情况以信件、电报、电传、传真等书面形式通知另一方，并且在事件发生后____日内，向另一方提交合同不能履行或部分不能履行或需要延期履行理由的报告。

第七章　违约责任

第三十一条　受让人必须按照本合同约定，按时支付土地使用权出让金。如果受让人不能按时支付土地使用权出让金的，自滞纳之日起，每日按迟延支付款项的____‰向出让人缴纳滞纳金，延期付款超过6个月的，出让人有权解除合同，收回土地，受让人无权要求返还定金，出让人并可请求受让人赔偿因违约造成的其他损失。

第三十二条　受让人按合同约定支付土地使用权出让金的，出让人必须按照合同约定，按时提供出让土地。由于出让人未按时提供出让土地而致使受让人对本合同项下宗地占有延期的，每延期一日，出让人应当按受让人已经支付的土地使用权出让金的____‰向受让人给付违约金。出让人延期交付土地超过6个月的，受让人有权解除合同，出让人应当双倍返还定金，并退还已经支付土地使用权出让金的其他部分，受让人并可请求出让人赔偿因违约造成的其他损失。

第三十三条　受让人应当按照合同约定进行开发建设，超过合同约定的动工开发日期满一年未动工开发的，出让人可以向受让人征收相当于土地使用权出让金20%以下的土地闲置费；满2年未动工开发的，出让人可以无偿收回土地使用权；但因不可抗力或者政府、政府有关部门的行为或者动工开发必需的前期工作造成动工开发迟延的除外。

第三十四条　出让人交付的土地未能达到合同约定的土地条件的，应视为违约。受让人有权要求出让人按照规定的条件履行义务，并且赔偿延误履行而给受让人造成的直接损失。

第八章　通知和说明

第三十五条　本合同要求或允许的通知和通讯，不论以何种方式传递，均自实际收到时起生效。

第三十六条　当事人变更通知、通讯地址或开户银行、账号的，应在变更后15日内，将新的地址或开户银行、账号通知另一方。因当事人一方迟延通知而造成的损失，由过错方承担责任。

第三十七条 在缔结本合同时，出让人有义务解答受让人对于本合同所提出的问题。

第九章 适用法律及争议解决

第三十八条 本合同订立、效力、解释、履行及争议的解决均适用中华人民共和国法律。

第三十九条 因履行本合同发生争议，由争议双方协商解决，协商不成的，按本条第____款规定的方式解决：

（一）提交____________________仲裁委员会仲裁；

（二）依法向人民法院起诉。

第十章 附 则

第四十条 本合同依照本条第____款之规定生效。

（一）本合同项下宗地出让方案业经____________人民政府批准，本合同自双方签订之日起生效。

（二）本合同项下宗地出让方案尚需经_________人民政府批准，本合同自_________人民政府批准之日起生效。

第四十一条 本合同一式____份，具有同等法律效力，出让人、受让人各执____份。

第四十二条 本合同和附件共____页，以中文书写为准。

第四十三条 本合同的金额、面积等项应当同时以大、小写表示，大小写数额应当一致，不一致的，以大写为准。

第四十四条 本合同于____年____月____日在中华人民共和国____________省（自治区、直辖市）____________市（县）签订。

第四十五条　本合同未尽事宜，可由双方约定后作为合同附件，与本合同具有同等法律效力。

出让人（章）：	受让人（章）：
住所：	住所：
法定代表人（委托代理人）（签字）：	法定代表人（委托代理人）（签字）：
电话：	电话：
传真：	传真：
电报：	电报：
开户银行：	开户银行：
账号：	账号：
邮政编码：	邮政编码：

20　　年　月　日

附件：出让宗地界址图（注明边长（米））

北

↑

界址图粘贴线

比例尺 1:

关于《国有土地使用权出让合同》示范文本有关问题的说明

一、《国有土地使用权出让合同》示范文本出台背景

1994年1月，原国家土地管理局、国家工商行政管理局根据《城镇国有土地使用权出让和转让暂行条例》（国务院55号令）和《外商投资开发经营成片土地暂行管理办法》（国务院56号令），联合发布了《国有土地使用权出让合同》（以下简称1994年版《合同》）示范文本，对规范各地土地使用权出让、维护出让人与受让人的合法权益等起到了积极作用。但随着土地使用制度改革的深化和国有土地使用权出让实践的深入，尤其是《城市房地产管理法》颁布实施，1994年版《合同》文本中的有关条款与法律规定和国有土地使用权出让实践的不协调逐渐显露出来，亟待调整、完善。1999年出台的《合同法》也对1994年版《合同》文本修订提出了要求。

为贯彻落实《城市房地产管理法》、《合同法》的有关规定，切实保护国有土地使用权出让人、受让人的合法权益，规范土地市场秩序，国土资源部、国家工商行政管理局组织有关人员对1994年版《合同》文本进行了修改，完善。修订过程中，先后多次征求了地方土地行政主管部门、开发商、土地使用者、律师协会等有关方面的意见，2000年10月31日国土资

源部、国家工商行政管理局联合发布了修订后的《国有土地使用权出让合同》（以下简称2000年版《合同》）示范文本（GF—2000—2601）。

二、关于《合同》示范文本的内容

（一）关于合同文本分类与内容

1994年版的出让合同文本根据用地者和土地条件的不同划分为宗地出让合同、成片开发土地出让合同、划拨土地使用权补办出让合同和外商投资划拨土地使用权合同四类。随着《城市房地产管理法》和其他法律法规的出台和土地有偿使用制度的不断完善，外商投资企业用地缴纳场地使用费的方式已纳入土地租赁范围；按照《城市房地产管理法》规定，划拨土地使用权转让补办出让手续应由受让方直接办理出让手续，与一般宗地出让差异很小；同时成片开发土地的情况较少，且成片开发土地出让合同与宗地出让合同的区别主要是转让时对土地开发条件的要求略有不同，而转让条件可以在宗地出让合同中分列。因此，2000年版《合同》示范文本将1994年版的四个合同文本加以合并、调整，形成通用的国有土地使用权出让合同文本。

鉴于1994年版的《合同》文本规定的内容相对比较简单，且大多是关于受让人应承担义务的规定，2000年版合同示范文本充实了内容，规范了有关条款规定，力求含义明确，保障当事人双方的权利、义务。《合同》文本内容包括总则、出让土地的交付与出让金的缴纳、土地开发建设与利用、土地使用权转让、出租、抵押、期限届满、不可抗力、违约责任、通知和说明、适用法律及争议解决、附则等十章四十五条，重点是规范国有土地使用权出让行为，在规定受让人义务的同时，明确其相应的权利；在明确出让人权利的同时，规定其相应的责任和义务。

（二）关于出让土地交付的约定

出让土地的交付实际上是双方当事人关于合同标的的约定，关系重大，必须准确严密，没有歧义。1994 年版《合同》文本中与此相关的条款只有两条，没有规定交付土地的时间，交付土地应具备的条件也只是简单规定甲方以现状（或几通一平）出让给乙方，不能够准确表述双方约定的出让土地条件，因此，2000 年版《合同》文本规定了四条，分别明确了出让宗地位置、面积、用途、交付土地的时间、应具备的土地条件和土地使用年期。《合同》第四条规定了出让宗地的用途，并规定土地用途应按《城镇地籍调查规程》规定的土地二级分类填写，属于综合用地的，应注明各类具体用途及其所占的面积比例。《合同》第五条规定了出让人将出让宗地交付给受让人的日期和交付土地时应达到的土地条件，其中，土地条件按照双方实际约定选择和填写。属于划拨土地使用权补办出让手续的，选择第三款；属于待开发建设的用地，应根据出让人承诺交地时的土地开发程度选择第一款或第二款；出让人承诺交付土地时完成拆迁和场地平整的，选择第一款；未完成拆迁和场地平整的，选择第二款，并注明地上待拆迁的建筑物和其他地上物面积等状况。基础设施条件按双方约定填写"七通"、"三通"等，并具体说明基础设施内容，如"通路、通电、通水"等。

（三）关于土地使用年限的计算

土地使用权出让的年限到底从何时起算，是一个重要的问题。土地属于不动产，土地使用权属于一种物权，1994 年版《合同》规定土地出让年限"自领取该宗地的《中华人民共和国国有土地使用证》之日起算"，混淆了土地起始使用日期和取得土地使用权的日期这两个概念。实际上，自出让方将土地交付给受让方，受让方已开始实际占有、使用该土地，但受让方自交清土地出让金、办理土地登记、领取《国有土地使用证》之日起方取得法定土地使用权。1994 年版《合同》的规定容易诱导受让方故意不领取或若干年后再领取土地使用证，无形中延长了实际土地使用年期。因此，2000 年版《合同》文本中明确土地使用年期自出让方实际交付土地之日起算，属于原土地使用权补办出让手续的，出让年期自合同签订之日起算。

（四）关于出让金缴纳的约定

出让金的缴纳是合同履行的关键，1994 年版《合同》文本必须在合同签订后 60 日内付清的规定与《城市房地产管理法》有关规定不一致，土地出让实践中也较难落实；以现金或现金支票支付定金的规定与国家现金管理的有关规定不符；外币支付的规定与现行外汇管理规定不一致，因此，在 2000 年版《合同》文本中对此进行了相应调整，其中出让金的支付方式和期限由当事人双方约定，双方约定土地使用权出让金一次性付清的，选择第一款，分期支付的，选择第二款，分期支付土地出让金的，受让人在支付第二期及以后各期土地出让金时，明确应按照银行同期贷款利率向出让人支付相应的利息。同时，2000 年版《合同》文本中删除向甲方支付土地使用费、土地增值税和国家有关土地的费（税）的条款。这是因为征税的主体是税务机关，而甲方是土地行政管理机关；同时，纳税是国家法律规定的强制性法律义务，所以无论合同是否约定，乙方都有缴纳的义务；另外土地使用费和土地使用权出让金实质上属于同一概念，不应并存。

（五）关于土地开发利用与转让、出租、抵押的约定

1994 年版《合同》文本将土地使用条件单列作为合同附件，2000 年版《合同》对有关内容做了调整、充实，并作为合同正文。

2000 年版《合同》文本第十五条在规定受让人申请办理土

地登记义务的同时，同时规定了出让人按时为其办理土地登记的责任。即“受让人在按本合同约定支付全部土地使用权出让金之日起 30 日内，应持本合同和土地使用权出让金支付凭证，按规定向出让人申请办理土地登记，领取《国有土地使用证》，取得出让土地使用权。出让人应在受理土地登记申请之日起 30 日内，依法为受让人办理出让土地使用权登记，颁发《国有土地使用证》。”

关于土地使用期间城市规划的调整和提前收回土地使用权问题，2000 年版《合同》文本明确：政府保留对本合同项下宗地的城市规划调整权，原土地利用规划如有修改，该宗地已有的建筑物不受影响，但在使用期限内该宗地建筑物、附着物改建、翻建、重建或期限届满申请续期时，必须按届时有效的规划执行。出让人对受让人依法取得的土地使用权，在本合同约定的使用年限届满前不收回；在特殊情况下，根据社会公共利益需要提前收回土地使用权的，出让人应当依照法定程序报批，并根据收回时地上建筑物、其他附着物的价值和剩余年期土地使用权价格给予受让人相应的补偿。

关于土地使用权转让、出租、抵押的条件、程序和办法，2000 年版《合同》文本均进行了明确、详尽、具体地规定。

（六）关于土地使用年期届满的处理和违约责任的约定

1994 年版《合同》根据国务院第 55 号令的有关规定明确：“出让年限届满，出让方有权无偿收回土地使用权，地上建筑物及附着物所有权也由出让方无偿取得”，该规定未考虑收回土地使用权时受让方的房屋所有权。而《城市房地产管理法》取消了“地上建筑物及附着物所有权也由出让方无偿取得”的规定，因此，2000 年版《合同》文本对土地使用期限届满申请续期的程序、要求进行了规定，并区分受让方申请续期和不申请续期两种情况，对土地使用权和地上建筑物及其附着物的处理进行了明确。2000年版《合同》文本规定："土地出让期限届满，受让人没有提出续期申请或者虽申请续期但依照本合同第二十五条规定未获批准的，受让人应当交回《国有土地使用证》，出让人代表国家收回土地使用权，并依照规定办理土地使用权注销登记。""土地出让期限届满，受让人未申请续期的，本合同项下土地使用权和地上建筑物及其他附着物由出让人代表国家无偿收回，受让人应当保持地上建筑物、其他附着物的正常使用功能，不得人为破坏，地上建筑物、其他附着物失去正常使用功能的，出让人可要求受让人移动或拆除地上建筑物、其他附着物，恢复场地平整。""土地出让期限届满，受让人提出续期申请而出让人根据本合同第二十五条之规定没有批准续期的，土地使用权由出让人代表国家无偿收回，但对于地上建筑物及其他附着物，出让人应当根据收回时地上建筑物、其他附着物的残余价值给予受让人相应补偿。"

对于违约责任，2000年版《合同》文本针对当事人双方不同的违约行为，区分违约行为轻重，分别规定了相应的违约责任。

针对该合同文本属于格式合同的特点，2000年版《合同》文本规定在缔结合同时，出让人有义务解答受让人对于本合同所提出的问题。

国土资源部　国家工商行政管理总局关于发布《国有土地使用权出让合同补充协议》示范文本（试行）的通知

2006 年 4 月 19 日　国土资发［2006］83 号

各省、自治区、直辖市国土资源厅（国土环境资源厅、国土资源局、国土资源和房屋管理局、房屋土地资源管理局）、工商行政管理局，计划单列市国土资源行政主管部门、工商行政管理局：

根据《国务院关于深化改革严格土地管理的决定》（国发［2004］28 号）和《国土资源部关于发布和实施〈工业项目建设用地控制指标（试行）〉的通知》（国土资发［2004］232 号）要求，规范国有土地使用权出让合同管理，国土资源部、国家工商行政管理总局在《国有土地使用权出让合同》示范文本的基础上，组织制订了《国有土地使用权出让合同补充协议》示范文本（试行），现予印发，自 2006 年 7 月 1 日起试行。

请各地将试行中的情况、经验和问题及时报国土资源部和国家工商行政管理总局。根据试行情况，国土资源部和国家工商行政管理总局将适时修订《国有土地使用权出让合同》示范文本。

国有土地使用权出让合同补充协议

根据________市（县）国让（合）字（200__）第____号《国有土地使用权出让合同》（以下简称《出让合同》）第四十五条的约定，出让人中华人民共和国____省（自治区、直辖市）____________市（县）____________局，与受让人____________，双方就合同中有关土地开发利用等未尽事宜，约定如下：

第一条 受让人除按照《出让合同》第十三条第一款约定日期动工建设外，同意在____年____月____日前完成项目施工建设，并申请竣工验收。

受让人按照《出让合同》第十三条第二款约定提出延建申请，并经出让人同意延建的，其项目竣工和申请竣工验收日期可按同意延建的时间相应顺延。

第二条 受让人同意《出让合同》项下受让宗地的投资总额不低于________万元人民币。属于工业建设项目的，受让人同意《出让合同》项下受让宗地的项目固定资产投资额不低于经批准或登记备案的________万元人民币，单位用地面积投资强度不低于每公顷________万元人民币，项目固定资产投资包括建筑物、构筑物、设备投资和地价款等。

第三条 受让人除按照《出让合同》第十一条各项约定履行外，同意该受让宗地容积率不低于________，建筑系数不低于________%。

第四条 属于工业建设项目的，受让人同意该受让宗地中用于企业内部行政办公及生活服务设施的用地不超过受让宗地面积的____%，即不超过____公顷。受让人不得在受让宗地范围内建造成套住宅、专家楼、宾馆、招待所和培训中心等非生产性设施。

第五条 受让人按照《出让合同》第十三条约定日期动工建设，但已开发建设面积占建设总面积比例不足三分之一或已投资额占总投资额不足25%，且未经批准中止开发建设连续满一年的，也视为土地闲置，出让人有权向受让人征收土地闲置费。

第六条 出让人、受让人双方同意将《出让合同》第三十三条约定的土地闲置费标准定为相当于出让宗地土地使用权出让金总额的____%，即人民币________元。

第七条 受让人因自身原因终止该项目投资建设，向出让人提出终止履行《出让合同》并申请退还土地的，出让人报经原批准土地出让方案的人民政府或机关批准后，区分情况分别按以下约定退还除《出让合同》第八条约定的定金以外的全部或部分土地使用权出让金（不计利息），收回土地使用权，但该宗地范围内已建的建筑物、构筑物不予补偿，出让人还可要求受让人清除已建建筑物、构筑物，恢复场地平整。

（一）受让人在《出让合同》约定的动工建设日期届满一年前不少于60日向出让人提出申请的，出让人在扣除定金后退还受让人已支付的土地使用权出让金；

（二）受让人在合同约定的动工建设日期超过一年但未满二年，并在届满二年前不少于60日向出让人提出申请的，出让人应在扣除《出让合同》第八条约定的定金，并按照本补充协议第六条约定征收土地闲置费后，将剩余的已付土地使用权出让金退还受让人。

第八条 因自身原因减少项目投资规模，而导致部分建设用地空闲，且具备分割条件，并能重新用于开发建设的，受让人须在项目完成建设前90日向出让人提出退还相应面积建设用地申请。经市、县人民政府批准后，出让人与受让人签订土地使用权出让合同变更协议，由出让方收回相应部分的土地使用权，将所收回土地对应的土地出让金在扣除相应比例的定金后，退还给受让人。

第九条 受让人未能按照《出让合同》第十三条第一款约定日期或第二款同意延建所另行约定日期动工建设的，每延迟一日，应向出让人支付相当于土地使用权出让金总额____‰的违约金；造成土地闲置的，还应当按照本补充协议第六条的约定支付土地闲置费。

第十条 受让人未能按照本补充协议第一条第一款约定日期或第二款同意延建所另行约定日期完成项目建设并申请竣工验收的，每延迟一日，应向出让人支付相当于土地使用权出让金总额____‰的违约金。

第十一条 在项目竣工验收后60日内，受让人应向出让人提供工程竣工验收资料及项目竣工决算审计报告等有关资料，由出让人按照《出让合同》第十一条及本补充协议第二条、第三条、第四条约定的投资额、投资强度、土地利用强度等指标，对该宗地的实际投资强度、土地利用强度等进行复核。

受让人实际投资强度、土地利用强度不能满足双方约定的指标的，属于违约，出让人有权收取违约金，并可要求受让人继续履约。

第十二条 项目投资总额、固定资产投资额和单位用地面积投资强度未达到本补充协议第二条约定标准的，出让人可以按照实际差额部分占约定投资总额和投资强度指标的比例，要求受让人支付相当于同比例土地使用权出让金的违约金。

第十三条 项目建筑容积率、建筑密度等任何一项指标低于《出让合同》第十一条和本补充协议第三条约定标准的，出让人可以按照实际差额部分占约定标准的比例，要求受让人支付相当于同比例土地使用权出让金的违约金。

第十四条　工业建设项目的绿化比例以及企业内部行政办公及生活服务设施用地所占比例等任何一项指标超过《出让合同》第十一条和本补充协议第四条约定标准的，受让人应当向出让人支付相当于土地使用权出让金总额____%的违约金，并自行拆除相应的绿化和建筑设施。

第十五条　在出让期限内，受让人要求改变《出让合同》规定的土地用途等土地使用条件的，双方同意按照本条第____款规定办理：

（一）由出让人收回土地使用权后，依法重新出让。

（二）按照《出让合同》第十七条的约定办理改变土地用途和土地使用条件批准手续后，由受让人按照批准变更时新旧土地使用条件下该宗地的土地市场价格差额补交土地使用权出让金。

第十六条　〔其他事项〕

出让人（章）：　　　　　　　　受让人（章）：
法定代表人（委托代理人）　　　法定代表人（委托代理人）
（签字）：　　　　　　　　　　（签字）：

200　年　月　日

关于《国有土地使用权出让合同补充协议》示范文本（试行）有关问题的说明

一、制定《出让合同补充协议》示范文本的背景

为贯彻落实《城市房地产管理法》、《合同法》的有关规定，规范国有土地使用权出让行为，切实保护土地出让人、受让人的合法权益，2000 年 10 月 31 日，国土资源部、国家工商行政管理总局联合发布了修订后的《国有土地使用权出让合同》示范文本（GF—2000—2601，以下简称《出让合同》示范文本）。几年来，作为出让方的各市县国土资源部门与作为受让方的用地者，依据《出让合同》示范文本签订国有土地使用权出让合同，并认真履行合同，对保护双方合法土地权益，合理开发利用土地，促进土地市场规范发展，发挥了重要作用。

2004年，《国务院关于深化改革严格土地管理的决定》（国发［2004］28 号）明确规定："今后，供地时要将土地用途、容积率等使用条件的约定写入土地使用合同，对工业项目用地必须有投资强度和开发进度等控制性要求"。"各有关部门要按照集约用地的原则，调整有关厂区绿化率的规定，不得圈占土地搞花园式工厂"。2005 年，《国务院办公厅转发建设部等部门关于做好稳定住房价格工作意见的通知》（国办发［2005］26 号）进一步明确规定："要规范土地出让公告和合同的内容，加强房地产开

发用地供后监管，对违反土地出让合同约定或有关规定的，依法追究违约违规责任。”

为进一步发挥政府运用经济、法律手段管理土地的水平和能力，明确投资强度，提高集约用地水平；明确项目开工、竣工时间，防止开发商长期囤积土地，保证政府出让的国有土地能够及时得到有效的开发利用，特别是对于居住用地，要保证政府供应的土地及时转化为有效的普通商品住房供应；进一步明确规范闲置土地的认定，减少土地闲置；根据国发28号和国办发26号文件要求，我们在原出让合同示范文本的基础上，研究制订了《出让合同补充协议》示范文本。2006年4月19日，国土资源部和国家工商行政管理总局联合发布了《关于发布〈关于国有土地使用权出让合同补充协议〉》示范文本（试行）的通知》（国土资发［2006］83号），自2006年7月1日起试行。

二、《出让合同补充协议》示范文本的主要内容及说明

（一）关于《出让合同补充协议》的主要内容

《出让合同补充协议》共16条，对出让土地的竣工时间、投资总额、投资强度、宗地容积率、建筑系数、工业项目用地中非生产性设施用地比例、闲置土地认定、终止履行合同、改变合同约定的用地条件等合同条件及违约责任进行了明确约定。

（二）关于《出让合同补充协议》的适用效力

自2006年7月1日起，市、县国土资源管理部门（出让人）与受让人签订国有土地使用权出让合同时，除了按照2000年的《出让合同》示范文本签订合同外，双方还要就合同中有关土地开发利用等未尽事宜，同时签订《出让合同补充协议》，《出让合同》和《出让合同补充协议》具有同等效力。

（三）关于建设项目开竣工时间的约定

为保证用地者及时开发利用土地，防止囤积土地，在《出让合同》已约定了建设项目的动工日期之外，《出让合同补充协议》第一条还约定了建设项目的竣工时间。明确“受让人除按照《出让合同》约定日期动工建设外，还要明确同意在____年____月____日前完成项目施工建设，并申请竣工验收。”并在第十条约定，受让人未能按合同约定日期完成项目建设并申请竣工验收的，要承担违约责任，支付违约金。这一规定主要是为解决一些项目长期建设而不竣工问题，防止开发商长期大量囤积土地。

（四）关于投资总额和容积率的约定

为节约集约用地，提高土地利用效率，在《出让合同补充协议》第二、三条约定了受让宗地的投资总额、单位用地面积投资强度、容积率和建筑系数等指标。受让人不能满足双方约定的指标的，属于违约。第十一、十二、十三条明确了违约方要支付违约金等责任。这几条规定主要是明确项目用地投资强度，提高集约利用水平，降低项目对土地资源的消耗量。

（五）关于工业建设项目的特别约定

为集约利用工业用地，防止圈占土地搞花园式工厂，第四条规定：属于工业建设项目的，受让宗地中用于企业内部行政办公及生活服务设施的用地不超过受让宗地面积的一定比例，受让人不得在受让宗地范围内建造成套住宅、专家楼、宾馆、招待所和培训中心等非生产性设施。违反该约定的，第十四条规定：受让人应当向出让人支付违约金，并自行拆除相应的绿化和建筑设施。这些规定主要是提高工业用地利用强度，提高集约用地水平。

（六）关于闲置土地的规定

《城市房地产法》、国土资源部《闲置土地处置办法》等法律法规规定对闲置土地处置已进行了规定。为及时开发利用土地，防止闲置浪费土地，《出让合同补充协议》第五、六条进一步做了约定，受让人按照合同约定日期动工建设，但已开发建设面积占建设总面积比例不足三分之一或已投资额占总投资额不足25%，且未经批准中止开发建设连续满一年的，也视为土地闲置，出让人有权向受让人征收土地闲置费。防止项目停工形成实际闲置问题。

（七）关于终止项目建设和减少投资规模的约定

对于受让人在开发利用土地过程中，因自身原因终止该项目投资建设或减少项目投资规模，申请终止履行出让合同或变更出让合同的不同情况，《出让合同补充协议》第七条、第八条对退还全部或部分土地使用权出让金、收回土地使用权、扣除定金、征收土地等事项进行了明确约定。目的是及时调整土地利用，充分利用土地。

（八）关于改变土地使用条件的约定

为规范合同履行，维护城市规划的权威性和严肃性，防止受让方随意改变用地条件，规避招标拍卖挂牌出让，《出让合同补充协议》第十五条规定了在出让期限内，受让人要求改变《出让合同》规定的土地用途等土地使用条件的两种处理方式：一是由出让人收回该宗地的土地使用权后，依法重新出让；二是依法办理改变土地用途和土地使用条件批准手续后，由受让人按照批准变更时新旧土地使用条件下该宗地的土地市场价格差额补交土地使用权出让金。

（九）关于普通住宅套型限制等规划、建设、土地使用条件的约定

2006年5月国务院办公厅《转发建设部等部门关于调整住房供应结构稳定住房价格意见的通知》（国办发［2006］37号）提出要明确新建住房结构比例，重点发展普通商品住房，要明确普通商品住房套型限制等内容。国土资源部下发的《关于当前进

一步从严土地管理的紧急通知》（国土资电发［2006］17号）进一步明确要严格执行国土资源部、国家工商行政管理总局颁布的《国有土地使用权出让合同示范文本》和《国有土地使用权出让合同补充协议示范文本（试行）》。土地出让文件应当将住房套型限制、容积率、开工及竣工时间等规划、建设、土地使用条件明确，并在国有土地使用权出让合同中予以约定。因此，各地在供应普通商品住房用地时，国土资源管理部门应当会同城市规划、建设、房产管理等部门合理确定土地出让方案，城市规划、建设、房产管理等部门确定建筑面积、容积率、套型限制、开工、竣工等规划、建设、土地使用条件后应当在规划等文件中明确，国土资源管理部门在出让公告、出让须知等出让文件中应当明确上述规划、建设、土地使用条件。通过招标拍卖挂牌活动确定土地使用权人后，应将上述内容在《国有土地使用权出让合同》中予以约定，其中住宅套型限制的内容可在《国有土地使用权出让合同》第十一条的“其他土地利用要求”中予以明确约定，同时明确相应的违约责任。

招标拍卖挂牌出让国有土地使用权规定

2002年5月9日　中华人民共和国国土资源部令第11号

《招标拍卖挂牌出让国有土地使用权规定》，已经2002年4月3日国土资源部第4次部务会议通过，现予发布，自2002年7月1日起施行。

第一条　为规范国有土地使用权出让行为，优化土地资源配置，建立公开、公平、公正的土地使用制度，根据《中华人民共和国城市房地产管理法》、《中华人民共和国土地管理法》和《中华人民共和国土地管理法实施条例》等法律、法规，制定本规定。

第二条　在中华人民共和国境内以招标、拍卖或者挂牌方式出让国有土地使用权的，适用本规定。

本规定所称招标出让国有土地使用权，是指市、县人民政府土地行政主管部门（以下简称出让人）发布招标公告，邀请特定或者不特定的公民、法人和其他组织参加国有土地使用权投标，根据投标结果确定土地使用者的行为。

本规定所称拍卖出让国有土地使用权，是指出让人发布拍卖公告，由竞买人在指定时间、地点进行公开竞价，根据出价结果确定土地使用者的行为。

本规定所称挂牌出让国有土地使用权，是指出让人发布挂牌公告，按公告规定的期限将拟出让宗地的交易条件在指定的土地交易场所挂牌公布，接受竞买人的报价申请并更新挂牌价格，根据挂牌期限截止时的出价结果确定土地使用者的行为。

第三条 招标、拍卖或者挂牌出让国有土地使用权应当遵循公开、公平、公正和诚实信用的原则。

第四条 商业、旅游、娱乐和商品住宅等各类经营性用地，必须以招标、拍卖或者挂牌方式出让。

前款规定以外用途的土地的供地计划公布后，同一宗地有两个以上意向用地者的，也应当采用招标、拍卖或者挂牌方式出让。

第五条 国有土地使用权招标、拍卖或者挂牌出让活动，应当有计划地进行。

市、县人民政府土地行政主管部门根据社会经济发展计划、产业政策、土地利用总体规划、土地利用年度计划、城市规划和土地市场状况，编制国有土地使用权出让计划，报经同级人民政府批准后，及时向社会公开发布。

第六条 市、县人民政府土地行政主管部门应当按照出让计划，会同城市规划等有关部门共同拟订拟招标拍卖挂牌出让地块的用途、年限、出让方式、时间和其他条件等方案，报经市、县人民政府批准后，由市、县人民政府土地行政主管部门组织实施。

第七条 出让人应当根据招标拍卖挂牌出让地块的情况，编制招标拍卖挂牌出让文件。招标拍卖挂牌出让文件应当包括招标拍卖挂牌出让公告、投标或者竞买须知、宗地图、土地使用条件、标书或者竞买申请书、报价单、成交确认书、国有土地使用权出让合同文本。

第八条 出让人应当至少在投标、拍卖或者挂牌开始日前20日发布招标、拍卖或者挂牌公告，公布招标拍卖挂牌出让宗地的基本情况和招标拍卖挂牌的时间、地点。

第九条 招标拍卖挂牌公告应当包括下列内容：

（一）出让人的名称和地址；

（二）出让宗地的位置、现状、面积、使用年期、用途、规划设计要求；

（三）投标人、竞买人的资格要求及申请取得投标、竞买资格的办法；

（四）索取招标拍卖挂牌出让文件的时间、地点及方式；

（五）招标拍卖挂牌时间、地点、投标挂牌期限、投标和竞价方式等；

（六）确定中标人、竞得人的标准和方法；

（七）投标、竞买保证金；

（八）其他需要公告的事项。

第十条　市、县人民政府土地行政主管部门应当根据土地估价结果和政府产业政策综合确定标底或者底价。

确定招标标底，拍卖和挂牌的起叫价、起始价、底价，投标、竞买保证金，应当实行集体决策。

招标标底和拍卖挂牌的底价，在招标拍卖挂牌出让活动结束之前应当保密。

第十一条　出让人应当对投标申请人、竞买申请人进行资格审查。对符合招标拍卖挂牌公告规定条件的，应当通知其参加招标拍卖挂牌活动。

第十二条　市、县人民政府土地行政主管部门应当为投标人、竞买人查询拟出让土地的有关情况提供便利。

第十三条　投标、开标依照下列程序进行：

（一）投标人在投标截止时间前将标书投入标箱。招标公告允许邮寄标书的，投标人可以邮寄，但出让人在投标截止时间前收到的方为有效；

标书投入标箱后，不可撤回。投标人应对标书和有关书面承诺承担责任。

（二）出让人按照招标公告规定的时间、地点开标，邀请所有投标人参加。由投标人或者其推选的代表检查标箱的密封情况，当众开启标箱，宣布投标人名称、投标价格和投标文件的主要内容。投标人少于三人的，出让人应当依照本规定重新招标。

（三）评标小组进行评标。评标小组由出让人代表、有关专家组成，成员人数为五人以上的单数。

评标小组可以要求投标人对投标文件作出必要的澄清或者说明，但是澄清或者说明不得超出投标文件的范围或者改变投标文件的实质性内容。

评标小组应当按照招标文件确定的评标标准和方法，对投标文件进行评审。

（四）招标人根据评标结果，确定中标人。

第十四条　对能够最大限度地满足招标文件中规定的各项综合评价标准，或者能够满足招标文件的实质性要求且价格最高的投标人，应当确定为中标人。

第十五条　拍卖会依照下列程序进行：

（一）主持人点算竞买人；

（二）主持人介绍拍卖宗地的位置、面积、用途、使用年期、规划要求和其他有关事项；

（三）主持人宣布起叫价和增价规则及增价幅度。没有底价的，应当明确提示；

（四）主持人报出起叫价；

（五）竞买人举牌应价或者报价；

（六）主持人确认该应价后继续竞价；

（七）主持人连续三次宣布同一应价而没有再应价的，主持人落槌表示拍卖成交；

（八）主持人宣布最高应价者为竞得人。

第十六条 竞买人不足三人，或者竞买人的最高应价未达到底价时，主持人应当终止拍卖。

拍卖主持人在拍卖中可根据竞买人竞价情况调整拍卖增价幅度。

第十七条 挂牌依照以下程序进行：

（一）在挂牌公告规定的挂牌起始日，出让人将挂牌宗地的位置、面积、用途、使用年期、规划要求、起始价、增价规则及增价幅度等，在挂牌公告规定的土地交易场所挂牌公布；

（二）符合条件的竞买人填写报价单报价；

（三）出让人确认该报价后，更新显示挂牌价格；

（四）出让人继续接受新的报价；

（五）出让人在挂牌公告规定的挂牌截止时间确定竞得人。

第十八条 挂牌时间不得少于10个工作日。挂牌期间可根据竞买人竞价情况调整增价幅度。

第十九条 挂牌期限届满，按照下列规定确定是否成交：

（一）在挂牌期限内只有一个竞买人报价，且报价高于底价，并符合其他条件的，挂牌成交；

（二）在挂牌期限内有两个或者两个以上的竞买人报价的，出价最高者为竞得人；报价相同的，先提交报价单者为竞得人，但报价低于底价者除外；

（三）在挂牌期限内无应价者或者竞买人的报价均低于底价或均不符合其他条件的，挂牌不成交。

在挂牌期限截止时仍有两个或者两个以上的竞买人要求报价的，出让人应当对挂牌宗地进行现场竞价，出价最高者为竞得人。

第二十条 以招标、拍卖或者挂牌方式确定中标人、竞得人后，出让人应当与中标人、竞得人签订成交确认书。

成交确认书应当包括出让人和中标人、竞得人的名称、地址，出让标的，成交时间、地点、价款，以及签订《国有土地使用权出让合同》的时间、地点等内容。

成交确认书对出让人和中标人、竞得人具有合同效力。签订成交确认书后，出让人改变竞得结果，或者中标人、竞得人放弃中标宗地、竞得宗地的，应当依法承担责任。

第二十一条 中标人、竞得人应当按照成交确认书约定的时间，与出让人签订《国有土地使用权出让合同》。

中标人、竞得人支付的投标、竞买保证金，抵作国有土地使用权出让金，其他投标人、竞买人支付的投标、竞买保证金，出让人必须在招标拍卖挂牌活动结束后 5 个工作日内予以退还，不计利息。

第二十二条 招标拍卖挂牌活动结束后，出让人应在 10 个工作日内将招标拍卖挂牌出让结果在土地有形市场或者指定的场所、媒介公布。

出让人公布出让结果，不得向受让人收取费用。

第二十三条 受让人依照《国有土地使用权出让合同》的约定付清全部国有土地使用权出让金后，应当依法申请办理土地登记，领取国有土地使用权证书。

第二十四条 应当以招标拍卖挂牌方式出让国有土地使用权而擅自采用协议方式出让的，对直接负责的主管人员和其他直接责任人员依法给予行政处分。

第二十五条 中标人、竞得人有下列行为之一的，中标、竞得结果无效；造成损失的，中标人、竞得人应当依法承担赔偿责任：

（一）投标人、竞买人提供虚假文件隐瞒事实的；

（二）中标人、竞得人采取行贿、恶意串通等非法手段中标或者竞得的。

第二十六条　土地行政主管部门工作人员在招标拍卖挂牌出让活动中玩忽职守、滥用职权、徇私舞弊的，依法给予行政处分；构成犯罪的，依法追究刑事责任。

第二十七条　以招标拍卖挂牌方式租赁国有土地使用权的，参照本规定执行。

第二十八条　本规定自 2002 年 7 月 1 日起施行。

协议出让国有土地使用权规定

2003 年 6 月 11 日　中华人民共和国国土资源部令第 21 号

《协议出让国有土地使用权规定》，已经 2003 年 6 月 5 日国土资源部第 6 次部务会议通过，现予发布，自 2003 年 8 月 1 日起施行。

第一条　为加强国有土地资产管理，优化土地资源配置，规范协议出让国有土地使用权行为，根据《中华人民共和国城市房地产管理法》、《中华人民共和国土地管理法》和《中华人民共和国土地管理法实施条例》，制定本规定。

第二条　在中华人民共和国境内以协议方式出让国有土地使用权的，适用本规定。

本规定所称协议出让国有土地使用权，是指国家以协议方式将国有土地使用权在一定年限内出让给土地使用者，由土地使用者向国家支付土地使用权出让金的行为。

第三条　出让国有土地使用权，除依照法律、法规和规章的规定应当采用招标、拍卖或者挂牌方式外，方可采取协议方式。

第四条　协议出让国有土地使用权，应当遵循公开、公平、公正和诚实信用的原则。

以协议方式出让国有土地使用权的出让金不得低于按国家规定所确定的最低价。

第五条　协议出让最低价不得低于新增建设用地的土地有偿

使用费、征地（拆迁）补偿费用以及按照国家规定应当缴纳的有关税费之和；有基准地价的地区，协议出让最低价不得低于出让地块所在级别基准地价的70%。

低于最低价时国有土地使用权不得出让。

第六条 省、自治区、直辖市人民政府国土资源行政主管部门应当依据本规定第五条的规定拟定协议出让最低价，报同级人民政府批准后公布，由市、县人民政府国土资源行政主管部门实施。

第七条 市、县人民政府国土资源行政主管部门应当根据经济社会发展计划、国家产业政策、土地利用总体规划、土地利用年度计划、城市规划和土地市场状况，编制国有土地使用权出让计划，报同级人民政府批准后组织实施。

国有土地使用权出让计划经批准后，市、县人民政府国土资源行政主管部门应当在土地有形市场等指定场所，或者通过报纸、互联网等媒介向社会公布。

因特殊原因，需要对国有土地使用权出让计划进行调整的，应当报原批准机关批准，并按照前款规定及时向社会公布。

国有土地使用权出让计划应当包括年度土地供应总量、不同用途土地供应面积、地段以及供地时间等内容。

第八条 国有土地使用权出让计划公布后，需要使用土地的单位和个人可以根据国有土地使用权出让计划，在市、县人民政府国土资源行政主管部门公布的时限内，向市、县人民政府国土资源行政主管部门提出意向用地申请。

市、县人民政府国土资源行政主管部门公布计划接受申请的时间不得少于30日。

第九条 在公布的地段上，同一地块只有一个意向用地者的，市、县人民政府国土资源行政主管部门方可按照本规定采取协议方式出让；但商业、旅游、娱乐和商品住宅等经营性用地除外。

同一地块有两个或者两个以上意向用地者的，市、县人民政府国土资源行政主管部门应当按照《招标拍卖挂牌出让国有土地使用权规定》，采取招标、拍卖或者挂牌方式出让。

第十条　对符合协议出让条件的，市、县人民政府国土资源行政主管部门会同城市规划等有关部门，依据国有土地使用权出让计划、城市规划和意向用地者申请的用地项目类型、规模等，制订协议出让土地方案。

协议出让土地方案应当包括拟出让地块的具体位置、界址、用途、面积、年限、土地使用条件、规划设计条件、供地时间等。

第十一条　市、县人民政府国土资源行政主管部门应当根据国家产业政策和拟出让地块的情况，按照《城镇土地估价规程》的规定，对拟出让地块的土地价格进行评估，经市、县人民政府国土资源行政主管部门集体决策，合理确定协议出让底价。

协议出让底价不得低于协议出让最低价。

协议出让底价确定后应当保密，任何单位和个人不得泄露。

第十二条　协议出让土地方案和底价经有批准权的人民政府批准后，市、县人民政府国土资源行政主管部门应当与意向用地者就土地出让价格等进行充分协商，协商一致且议定的出让价格不低于出让底价的，方可达成协议。

第十三条　市、县人民政府国土资源行政主管部门应当根据协议结果，与意向用地者签订《国有土地使用权出让合同》。

第十四条　《国有土地使用权出让合同》签订后 7 日内，市、县人民政府国土资源行政主管部门应当将协议出让结果在土地有形市场等指定场所，或者通过报纸、互联网等媒介向社会公布，接受社会监督。

公布协议出让结果的时间不得少于 15 日。

第十五条　土地使用者按照《国有土地使用权出让合同》的约定，付清土地使用权出让金、依法办理土地登记手续后，取得国有土地使用权。

第十六条　以协议出让方式取得国有土地使用权的土地使用者，需要将土地使用权出让合同约定的土地用途改变为商业、旅游、娱乐和商品住宅等经营性用途的，应当取得出让方和市、县人民政府城市规划部门的同意，签订土地使用权出让合同变更协议或者重新签订土地使用权出让合同，按变更后的土地用途，以变更时的土地市场价格补交相应的土地使用权出让金，并依法办理土地使用权变更登记手续。

第十七条　违反本规定，有下列行为之一的，对直接负责的主管人员和其他直接责任人员依法给予行政处分：

（一）不按照规定公布国有土地使用权出让计划或者协议出让结果的；

（二）确定出让底价时未经集体决策的；

（三）泄露出让底价的；

（四）低于协议出让最低价出让国有土地使用权的；

（五）减免国有土地使用权出让金的。

违反前款有关规定，情节严重构成犯罪的，依法追究刑事责任。

第十八条　国土资源行政主管部门工作人员在协议出让国有土地使用权活动中玩忽职守、滥用职权、徇私舞弊的，依法给予行政处分；构成犯罪的，依法追究刑事责任。

第十九条　采用协议方式租赁国有土地使用权的，参照本规定执行。

第二十条　本规定自 2003 年 8 月 1 日起施行。原国家土地管理局 1995 年 6 月 28 日发布的《协议出让国有土地使用权最低价确定办法》同时废止。

国土资源部关于印发《规范国有土地租赁若干意见》的通知

1999 年 7 月 27 日　国土资发［1999］222 号

各省、自治区、直辖市及计划单列市土地（国土）管理局（厅），解放军土地管理局，新疆生产建设兵团土地管理局：

近年来，一些地方土地管理部门深化土地使用制度改革，完善土地有偿使用方式，开展了国有土地租赁试点，取得了一定的经验。新颁布的《中华人民共和国土地管理法实施条例》（以下简称《条例》）已将国有土地租赁规定为国有土地有偿使用的一种方式。为贯彻实施《条例》，规范国有土地租赁行为，现将《规范国有土地租赁若干意见》（以下简称《意见》）印发给你们，请结合本地实际认真贯彻执行。

规范国有土地租赁若干意见

一、严格依照《中华人民共和国城市房地产管理法》、《中华人民共和国土地管理法》的有关规定，确定国有土地租赁的适用范围。

国有土地租赁是指国家将国有土地出租给使用者使用，由使用者与县级以上人民政府土地行政主管部门签订一定年期的土地租赁合同，并支付租金的行为。国有土地租赁是国有土地有偿使用的一种形式，是出让方式的补充。当前应以完善国有土地出让为主，稳妥地推行国有土地租赁。

对原有建设用地，法律规定可以划拨使用的仍维持划拨，不实行有偿使用，也不实行租赁；对因发生土地转让、场地出租、企业改制和改变土地用途后依法应当有偿使用的，可以实行租赁。对于新增建设用地，重点仍应是推行和完善国有土地出让，租赁只作为出让方式的补充。对于经营性房地产开发用地，无论是利用原有建设用地，还是利用新增建设用地，都必须实行出让，不实行租赁。

二、国有土地租赁，可以采用招标、拍卖或者双方协议的方式，有条件的，必须采取招标、拍卖方式。采用双方协议方式出租国有土地的租金，不得低于出租底价和按国家规定的最低地价折算的最低租金标准，协议出租结果要报上级土地行政主管部门备案，并向社会公开披露，接受上级土地行政主管部门和社会监督。

三、国有土地租赁的租金标准应与地价标准相均衡。承租人取得土地使用权时未支付其他土地费用的，租金标准应按全额地价折算；承租人取得土地使用权时支付了征地、拆迁等土地费用的，租金标准应按扣除有关费用后的地价余额折算。

采用短期租赁的，一般按年度或季度支付租金；采用长期租赁的，应在国有土地租赁合同中明确约定土地租金支付时间、租金调整的时间间隔和调整方式。

四、国有土地租赁可以根据具体情况实行短期租赁和长期租赁。对短期使用或用于修建临时建筑物的土地，应实行短期租赁，短期租赁年限一般不超过5年；对需要进行地上建筑物、构筑物建设后长期使用的土地，应实行长期租赁，具体租赁期限由租赁合同约定，但最长租赁期限不得超过法律规定的同类用途土地出让最高年期。

五、租赁期限六个月以上的国有土地租赁，应当由市、县土地行政主管部门与土地使用者签订租赁合同。租赁合同内容应当包括出租方、承租方、出租宗地的位置、范围、面积、用途、租赁期限、土地使用条件、土地租金标准、支付时间和支付方式、土地租金标准调整的时间和调整幅度、出租方和承租方的权利义务等。

六、国有土地租赁，承租人取得承租土地使用权。承租人在按规定支付土地租金并完成开发建设后，经土地行政主管部门同意或根据租赁合同约定，可将承租土地使用权转租、转让或抵押。承租土地使用权转租、转让或抵押，必须依法登记。

承租人将承租土地转租或分租给第三人的，承租土地使用权仍由原承租人持有，承租人与第三人建立了附加租赁关系，第三人取得土地的他项权利。

承租人转让土地租赁合同的，租赁合同约定的权利义务随之转给第三人，承租土地使用权由第三人取得，租赁合同经更名后继续有效。

地上房屋等建筑物、构筑物依法抵押的，承租土地使用权可随之抵押，但承租土地使用权只能按合同租金与市场租金的差值及租期估价，抵押权实现时土地租赁合同同时转让。

在使用年期内，承租人有优先受让权，租赁土地在办理出让手续后，终止租赁关系。

七、国家对土地使用者依法取得的承租土地使用权，在租赁合同约定的使用年限届满前不收回；因社会公共利益的需要，依照法律程序提前收回的，应对承租人给予合理补偿。

承租土地使用权期满，承租人可申请续期，除根据社会公共利益需要收回该幅土地的，应予以批准。未申请续期或者虽申请续期但未获批准的，承租土地使用权由国家依法无偿收回，并可要求承租人拆除地上建筑物、构筑物，恢复土地原状。

承租人未按合同约定开发建设、未经土地行政主管部门同意转让、转租或不按合同约定按时交纳土地租金的，土地行政主管部门可以解除合同，依法收回承租土地使用权。

八、各级土地行政主管部门要切实加强国有土地租金的征收工作，协助财政部门作好土地租金的使用管理。收取的土地租金应当参照国有土地出让金的管理办法进行管理，按规定纳入当地国有土地有偿使用收入，专项用于城市基础设施建设和土地开发。

九、各省、市在本《意见》下发前对国有土地租赁适用范围已有规定或各地已签订《国有土地租赁合同》的，暂按已有规定及《国有土地租赁合同》的约定执行，并在今后工作中逐步规范;本《意见》下发后实施国有土地租赁的，一律按本《意见》要求规范办理。

国土资源部　监察部
关于严格实行经营性土地使用权
招标拍卖挂牌出让的通知

2002 年 8 月 26 日　国土资发［2002］265 号

各省、自治区、直辖市国土资源厅（国土环境资源厅、国土资源和房屋管理局、房屋土地资源管理局、规划和国土资源局）、监察厅，计划单列市国土资源行政主管部门、监察局，解放军土地管理局，新疆生产建设兵团国土资源局：

《国务院关于加强国有土地资产管理的通知》（国发［2001］15 号）下发以来，全国国有土地使用权招标拍卖挂牌出让工作取得了明显成效。但是，各地工作进展不平衡，本应用市场机制配置土地的，一些领导仍然行政干预土地供应方式，没有实行经营性土地使用权招标拍卖挂牌出让，致使国有土地使用权招标拍卖挂牌出让制度不落实。为全面贯彻落实中央纪委第七次全会和国务院第四次廉政工作会议精神，严格实行商业、旅游、娱乐和商品住宅等各类经营性土地（以下简称经营性土地）使用权以招标、拍卖或者挂牌的方式出让，加强廉政建设，现就有关问题通知如下：

一、通过招标拍卖挂牌方式出让国有土地使用权是从源头防治土地供应环节产生腐败的有效措施

由于土地资产数额巨大，并且具有价值增值性和供给稀缺性等特点，土地供应环节成为腐败分子非法牟取暴利的重点领域。分析土地批租领域发生的腐败现象，实质就是在土地资源配置上，特别是在经营性土地的配置上，个别腐败分子违背市场规律，利用行政职权，搞权钱交易和“暗箱操作”，攫取巨额的地价差额。国有土地使用权招标拍卖挂牌出让制度充分体现了公开、公平、公正的市场经济原则，抑制权力进入市场，减少了人为因素对土地配置的干预和影响，从制度和源头上保证了土地批租领域的廉政建设。

党中央、国务院对此高度重视。今年，中央纪委部署从源头防治腐败任务时明确提出，要实行经营性土地使用权出让招标拍卖制度；国务院第四次廉政工作会议明确要求：今年，各地区、各部门都要实行经营性土地出让招标拍卖制度。为此，各级人民政府土地行政主管部门一定要统一思想，充分认识招标拍卖挂牌出让国有土地使用权的重要意义。对经营性土地使用权全部实行招标、拍卖或者挂牌出让，并将其作为国土资源管理的重要制度和行政纪律，切实抓好落实。

二、规范领导干部从政行为，严禁干预土地资源配置

要适应社会主义市场经济发展的要求，进一步转变政府职能，必须充分发挥市场配置土地资源的基础作用，经营性土地使用权出让必须通过市场机制来运作。各级领导干部不得干预经营性土地使用权的招标拍卖挂牌出让。严禁用行政手段，以打招呼、批条子等各种形式指定供地对象、供地位置、供地面积、供地用途、供地方式和供地价格等。经营性土地使用权出让必须进入市场，全部实行招标、拍卖或者挂牌出让。如果领导干部继续搞个人审批，无论有没有权钱交易的行为，都属于违反纪律。

三、强化政府土地的集中统一管理，保证土地使用权招标拍卖挂牌出让制度的落实

坚持土地的集中统一管理，严格控制土地供应总量，实行土地集中统一供应是保证土地使用权招标拍卖挂牌出让制度落实，避免多头供地、恶性竞争的基本前提。各类工业园、科技园、开发区用地和各单位使用的原划拨土地改变为商业、旅游、娱乐、商品住宅项目用地的，必须由当地人民政府土地行政主管部门统一管理、统一供应。出让的每幅地块位置、面积、用途、年限和其他条件，由市、县人民政府土地行政主管部门会同城市规划、建设、房产管理部门拟定方案，报经有批准权的人民政府批准后，由市、县人民政府土地行政主管部门集中统一组织实施。

四、加大土地供应的信息披露力度，创造市场竞争的环境

土地供应信息在更广泛的领域公开，不仅是政府提供服务的重要职责，也是创造有效需求，形成市场竞争环境的重要保证。市、县人民政府土地行政主管部门要根据当地社会经济发展计划、土地利用总体规划、土地利用年度计划、城市规划和土地市场状况制定土地使用权出让计划，报同级人民政府批准后实施。土地使用权出让计划及土地供应信息要在有关媒体向社会广泛公布，防止“暗箱操作”。

五、严格依法规范土地使用权招标拍卖挂牌出让，确保土地交易的公开、公平、公正

国有土地使用权招标拍卖挂牌出让必须严格按照《招标拍卖挂牌出让国有土地使用权规定》（国土资源部令第 11 号）的规

范要求执行。市、县人民政府土地行政主管部门要定期及时向社会公开发布国有土地使用权出让计划。经营性土地使用权必须以招标、拍卖或者挂牌方式出让，其他土地的供应计划公布后，同一宗地有两个以上意向用地者的，也应当采取招标、拍卖或者挂牌方式出让。招标拍卖挂牌底价必须根据土地估价结果和政府产业政策集体决策，并严格保密。要统一土地使用权招标拍卖挂牌出让文件，严格规范土地使用权招标拍卖挂牌出让程序。各地要积极采取有效措施，全面落实《招标拍卖挂牌出让国有土地使用权规定》，确保土地使用权招标拍卖挂牌出让的规范、有序进行，促进土地市场的健康发展。

六、加强监督检查，防治土地批租领域的腐败

各级土地行政主管部门和监察机关要加强对经营性土地使用权招标拍卖挂牌出让的监督检查。对经营性土地使用权规避招标拍卖挂牌，仍采取协议出让和划拨的；对单位和个人擅自先行立项、先行选址定点、先行确定地价的；对在土地使用权招标拍卖挂牌出让中弄虚作假、徇私舞弊的；对领导干部干预和插手土地使用权招标拍卖挂牌出让等违纪违法行为，都要严厉追究主管部门及有关人员的责任。应当给予党纪处分的，移送党的纪律检察机关处理；涉嫌犯罪的，移送司法机关处理。

今年年底前，国土资源部和监察部要对各地的经营性土地使用权招标拍卖挂牌出让工作进行联合检查。重点检查土地使用权招标拍卖挂牌出让制度的落实和协议出让土地使用权的情况。

国土资源部 监察部
关于继续开展经营性土地使用权招标拍卖挂牌出让情况执法监察工作的通知

2004 年 3 月 18 日 国土资发［2004］71 号

各省、自治区、直辖市国土资源厅（国土环境资源厅、国土资源和房屋管理局、房屋土地资源管理局、规划和国土资源局）、监察厅（局），计划单列市国土资源行政主管部门、监察局，解放军土地管理局，新疆生产建设兵团国土资源局、监察局：

2003 年，各级国土资源行政主管部门和监察机关按照中央纪委全会和国务院廉政工作会议的部署，认真开展经营性土地使用权招标拍卖挂牌出让情况执法监察。经过努力，经营性土地使用权招标拍卖挂牌出让制度已经初步建立，经营性土地使用权招标拍卖挂牌出让的比例有所提高。但从全国看，这项制度还未得到全面落实，领导干部违反规定干预和插手经营性土地使用权出让的行为依然存在，有些地方的问题还比较严重。为贯彻落实中央纪委第三次全会和国务院第二次廉政工作会议关于认真落实经营性土地使用权招标拍卖挂牌出让制度，严肃查处违法违规批地用地行为的部署和要求，从源头上预防和治理土地出让中的腐败行为，国土资源部和监察部决定，2004 年继续在全国开展经营性土地使用权招标拍卖挂牌出让情况执法监察。现就有关问题通知如下：

一、突出重点，明确执法监察的范围和内容

2004年执法监察的工作重点是，继续全面推行并严格执行经营性土地使用权招标拍卖挂牌出让制度，建立健全具体制度和操作规范，认真纠正和严肃查处土地出让中违规操作的问题和违纪违法行为。执法监察的范围是，2004年1月1日后各类经营性土地使用权实行招标拍卖挂牌出让的情况；对2003年执法监察中发现但尚未处理的违规操作和违纪违法出让经营性土地问题，也要纠正和查处。主要内容包括：

一是市、县建立经营性土地使用权招标拍卖挂牌出让制度的情况。已建立制度的市、县，要督促抓好制度的规范和完善，制定监督管理措施；尚未建立制度的，要责成有关地方政府和部门于6月底以前建立，届时仍不建立的，要追究主要领导的责任。

二是市、县政府和国土资源行政主管部门执行经营性土地使用权招标拍卖挂牌出让程序的情况，特别是国有土地使用权出让规范操作和信息公开的有关情况。对不按规定操作和公开有关信息的，要及时纠正，造成严重后果的，要追究有关人员的责任。

三是经营性土地使用权出让中存在的突出问题。对规避招标拍卖挂牌或仍采取协议方式出让和划拨，单位和个人先行立项、先行选址定点和先行确定地价，以及假招标、假拍卖、假挂牌或陪标、串标等问题；领导干部违反规定干预和插手经营性土地使用权出让等问题，要认真纠正和查处。

四是2003年遗留问题的清查处理情况。对2003年执法监察中发现但尚未处理的问题，要在2004年纠正和查处完结。在2003年执法监察和土地市场秩序治理整顿中，对有关问题已予处理，并通过了国土资源部、发展改革委、监察部、建设部、审计署联合验收的，不再重复检查。

二、明确政策，严格和规范执行经营性土地使用权招标拍卖挂牌出让制度

各地要严格和规范执行经营性土地使用权招标拍卖挂牌出让制度。2002 年 7 月 1 日《招标拍卖挂牌出让国有土地使用权规定》（国土资源部令第 11 号）实施后，除原划拨土地使用权人不改变原土地用途申请补办出让手续和按国家有关政策规定属于历史遗留问题之外，商业、旅游、娱乐和商品住宅等经营性用地必须采用招标拍卖挂牌方式供应，其他土地的供地计划公布后，同一宗地有两个或两个以上意向用地者的，也要采用招标拍卖挂牌方式供应。各地要严格按国家政策规定界定《招标拍卖挂牌出让国有土地使用权规定》实施前的历史遗留问题，不得擅自扩大范围，不得弄虚作假、变相搭车，并要加快工作进度，于 2004 年 8 月 31 日前将历史遗留问题处理完毕。对 8 月 31 日后以历史遗留问题为由采用协议方式出让经营性土地使用权的，要从严查处。

为加强管理和监督，经营性土地使用权出让计划、招标拍卖挂牌出让公告、出让申请条件和出让结果等必须按《招标拍卖挂牌出让国有土地使用权规定》向社会公开，除了按该规定在相关媒体上公布外，还应同时在中国土地市场网（www.landchina.com）上发布，信息公开必须及时、准确、真实。市、县国土资源行政主管部门组织实施经营性土地使用权招标拍卖挂牌出让活动，必须制定明确的操作程序和工作规程，规范操作。地方各级监察机关要制定具体的监督检查措施，对不按规定公布出让信息、影响经营性土地使用权招标拍卖挂牌出让规范进行的，监察机关和上级国土资源行政主管部门要责成责任单位及时纠正，完善相关制度，并追究有关人员责任。

三、加强领导，强化监督检查

地方各级人民政府要进一步认识经营性土地使用权实行招标拍卖挂牌出让的重要意义，加强组织领导，及时研究和协调解决工作中的困难和问题。各级国土资源行政主管部门、监察机关要进一步完善联席会议制度，结合本地实际，制定工作方案，统一组织，协调行动。既各尽其职、各负其责，又相互支持、密切配合，形成整体合力。

各省（区、市）国土资源行政主管部门和监察机关要采取全面检查和重点抽查相结合的方法，加大监督检查的力度。检查工作可采取下查一级或组织地（市）、县（市）之间交叉检查等方式进行；省（区、市）要针对所辖地区存在的突出问题确定重点进行抽查，对 2003 年发现问题较多的地方，必须列入重点抽查范围。要及时掌握工作进展情况，总结推广行之有效的做法和经验，对措施不力、进展缓慢的，要加强督查。同时，要按要求认真做好经营性土地使用权出让情况和违纪违法案件查处情况的汇总上报工作（见附件）。

各省（区、市）国土资源行政主管部门、监察机关要于 11 月 10 日前，分别向国土资源部、监察部书面报告执法监察工作情况。国土资源部、监察部将根据各地的工作情况适时组织联合检查。

四、严肃执纪，加大查处违纪违法案件的力度

《中共中央纪委监察部关于领导干部利用职权违反规定干预和插手建设工程招标投标、经营性土地使用权出让、房地产开发与经营等市场经济活动，为个人和亲友谋取私利的处理规定》（中纪发［2004］3 号）已经颁布实施，各地区、各部门必须认

真贯彻执行。

各级监察机关要认真履行职责，充分发挥职能作用，注意发现案件线索，扩大案源，会同国土资源等有关部门严肃查处经营性土地使用权出让中的违纪违法案件。对在经营性土地使用权出让中弄虚作假、徇私舞弊的，领导干部违反规定干预或插手经营性土地使用权出让等违纪违法行为，要坚决予以查处。涉嫌犯罪的，要移送司法机关处理。对有关地方和部门瞒案不报、压案不查、查而不处的，将予以严肃处理，追究有关责任人员的责任。

国土资源部关于改革土地估价结果确认和土地资产处置审批办法的通知

2001年2月13日　国土资发［2001］44号

各省、自治区、直辖市国土资源厅（国土环境资源厅、国土资源和房屋管理局、房屋土地资源管理局、规划和国土资源局），计划单列市土地管理局（城乡规划土地局、规划国土局），解放军土地管理局，新疆生产建设兵团土地管理局：

为贯彻落实党中央、国务院关于政府要减少对经济事务审批事项，强化监督管理的要求，现就改革土地估价结果确认与土地资产处置审批办法的有关问题通知如下：

一、以土地估价报告备案取代土地估价结果确认审批

改革土地估价确认管理，取消确认审批，建立土地估价报告备案制度。企业改制需要进行土地估价的，应由企业自主选择土地估价机构进行评估。土地行政主管部门不再对土地估价结果进行确认。企业改制上报的土地估价报告，只要格式规范、要件齐备，土地行政主管部门将直接给予备案。

企业改制涉及的土地已经实行有偿使用或需要转为出让或承租土地的，不再进行处置审批，直接在市、县土地行政主管部门办理变更登记或有偿用地手续。企业委托进行土地估价的，土地估价报告同时交付备案。改制涉及的土地采用国家作价出资（入

股)、授权经营方式处置的，土地估价报告应在省级以上土地行政主管部门办理土地资产处置审批时备案。

土地估价中介服务机构要与政府主管部门彻底脱钩，按照“客观、真实、公正”的要求，独立进行估价业务活动，对土地估价结果独立承担责任，并定期将业绩清单上报土地行政主管部门备查，接受监督。

市、县人民政府土地行政主管部门要定期确定公布当地的基准地价和标定地价，并提供地价查询服务，为社会和企业认定估价结果提供参考依据。

为维护国家和改制企业的土地权益，促使土地估价机构增强自律意识，提高执业质量和服务水平，土地行政主管部门将对土地估价机构和估价报告进行定期抽查，对弄虚作假的，要追究责任，依法处理。

二、明确企业的国有划拨土地权益

企业原使用的划拨土地，改制前只要不改变土地用途，可继续以划拨方式使用。改制后只要用途符合法定的划拨用地范围，仍可继续以划拨方式使用。改制或改变用途后不再符合法定划拨用地范围的，应当依法实行有偿使用。

为支持和促进企业改革，企业改制时，可依据划拨土地的平均取得和开发成本，评定划拨土地使用权价格，作为原土地使用者的权益，计入企业资产。企业依法取得的划拨土地设定抵押权时，划拨土地使用权价格可作为使用者的权益，计入抵押标的；抵押权实现时，土地使用权可转为出让土地使用权，在扣缴土地使用权出让金后，抵押权人可优先受偿。划拨土地经批准可以转让，划拨土地使用权价格部分可计为转让方的合法收益，转让后的用途不符合法定划拨用地范围的，受让方应当申办有偿用地手续。划拨土地需要转为有偿使用土地的，应按出让土地使用权价格与划拨土地使用权价格差额部分核算出让金，并以此计算租金或增加国家资本金、国家股本金。

三、规范国家作价出资（入股）、授权经营处置方式的使用

对于省级以上人民政府批准实行授权经营或国家控股公司试点的企业，方可采用授权经营或国家作价出资（入股）方式配置土地。其中，经国务院批准改制的企业，土地资产处置方案应报国土资源部审批，其他企业的土地资产处置方案应报土地所在的省级土地行政主管部门审批。为方便与有关部门衔接，同一企业涉及在两个以上省（自治区、直辖市）审批土地资产处置的，企业可持有关省（自治区、直辖市）的处置批准文件到我部转办统一的公函。

土地资产处置方案报批程序如下：

（一）改制企业根据省级以上人民政府关于授权经营或国家控股公司试点的批准文件，拟订土地资产处置总体方案，向有批准权的土地行政主管部门申请核准；

（二）土地资产处置总体方案核准后，企业应自主委托具备相应土地估价资质的机构进行评估，并依据土地状况和估价结果，拟订土地资产处置的具体方案；

（三）企业向市、县土地行政主管部门申请初审，市、县土地行政主管部门对土地产权状况、地价水平进行审查并出具意见；

（四）企业持改制方案、土地估价报告、土地资产处置具体方案和初审意见，到有批准权的土地行政主管部门办理土地估价报告备案和土地资产处置审批；

（五）企业持处置批准文件在财政部门办理国有资本金转增

手续后，到土地所在的市、县土地行政主管部门办理土地变更登记。

国土资源部对土地资产处置方案核准和审批实行集体会审，各地也应实行集体决策。审批机关要简化审查内容，只对土地权属状况、土地处置方式和地价水平等内容进行重点审查。初审机关不干预土地资产处置方式。

四、加强对土地估价机构的监督管理

各级土地行政主管部门要切实转变对土地估价行业的管理方式，建立抽查制度，进一步加强对土地估价机构的监管。各地要定期对土地评估机构和土地估价报告进行随机检查，组织土地估价行业协会及有关专家对被抽查的机构和报告进行集体评议，对违法违规的机构或个人进行处罚。土地行政主管部门作出处罚决定前，应进行听证，抽查结果和处罚决定要向社会公布。

对在抽查评议中发现未与行政机关脱钩并改制而从事中介业务、土地估价报告和业绩清单不按规定备案、拒不接受主管部门检查、不遵守土地估价技术规范、弄虚作假评估的机构或个人，要视情节轻重，分别给予通报、警告、降低资质等级、吊销土地估价机构资质证书和土地估价师资格证书等处罚。

今后，在我部备案的土地估价机构和已报部备案的土地估价报告，由我部组织抽查。在省级土地行政主管部门备案的机构，由省级土地行政主管部门组织抽查，抽查结果应向我部报告。

土地行政主管部门要充分发挥土地估价师协会等行业组织的自律作用，加强教育培训工作，提高土地估价队伍的执业素质，促进土地估价行业健康发展。

改革土地估价结果确认与土地资产处置审批办法，是土地行政管理部门贯彻落实党中央、国务院关于转变政府职能，改革审批制度，加强土地市场监督管理，促进土地估价行业发展的一项重大举措，各级土地行政主管部门要提高认识，认真贯彻执行。各地现有规定与本通知精神不一致的，要按照中央关于简化和减少行政审批事项，强化监督管理的要求做好衔接，按本通知精神加以规范。

中共中央纪委关于印发《中共中央纪委监察部关于领导干部利用职权违反规定干预和插手建设工程招标投标、经营性土地使用权出让、房地产开发与经营等市场经济活动，为个人和亲友谋取私利的处理规定》的通知

2004年2月3日　中纪发［2004］3号

各省、自治区、直辖市纪委、监察厅（局），中央和国家机关各部委纪检组（纪委）、监察局，中央纪委各派驻纪检组，监察部各派驻监察局、监察专员办公室，中央直属机关纪工委，中央国家机关纪工委，军委纪委：

现将《中共中央纪委监察部关于领导干部利用职权违反规定干预和插手建设工程招标投标、经营性土地使用权出让、房地产开发与经营等市场经济活动，为个人和亲友谋取私利的处理规定》印发给你们，请遵照执行。

中共中央纪委监察部关于领导干部利用职权违反规定干预和插手建设工程招标投标、经营性土地使用权出让、房地产开发与经营等市场经济活动，为个人和亲友谋取私利的处理规定

第一条　为进一步规范领导干部廉洁从政行为，加强建设工程招标投标、经营性土地使用权出让、房地产开发与经营等市场经济活动的监督管理，根据《中国共产党纪律处分条例》及有关法律、法规，制定本规定。

第二条　本规定所称违反规定干预和插手，是指领导干部违反法律、法规及其他政策性规定或者议事规则等，利用职权向相关部门采取暗示、授意、打招呼、批条子、指定、强令等方式，影响正常市场经济活动的行为。

第三条　领导干部利用职权或者职务上的影响，违反规定干预和插手建设工程招标投标活动，为个人和亲友谋取私利，有下列情形之一的，按照本规定第六条进行处理：

（一）对依法必须进行招标的建设工程项目不招标，或者依法应当公开招标的建设工程项目实行邀请招标，以及将依法必须进行招标的建设工程项目化整为零，或者假借保密工程、抢险救灾等特殊工程的名义规避招标的；

（二）为招标人指定招标代理机构，强制招标人委托招标代理机构办理招标事宜的；

（三）操纵或者以暗示、授意、指定等方式影响建设工程招标投标活动中投标人资格的确定或者评标、中标结果，擅自变更

建设工程项目中标人的；

（四）要求中标人分包、转包建设工程，或者指定使用工程建设材料、构配件、设备以及生产厂家、供应商的；

（五）有其他违反规定干预和插手建设工程招标投标活动行为的。

第四条 领导干部利用职权或者职务上的影响，违反规定干预和插手经营性土地使用权出让，为个人和亲友谋取私利，有下列情形之一的，按照本规定第六条进行处理：

（一）对应当实行招标拍卖挂牌出让的经营性土地使用权采用划拨方式或者协议出让方式供地，以及采用合作开发、招商引资、历史遗留问题等名义或者使用先行立项、先行选址定点确定用地者等手段规避招标拍卖挂牌出让的；

（二）操纵经营性土地使用权招标拍卖挂牌出让活动中申请人的确定或者招标拍卖挂牌出让结果的；

（三）土地使用权出让金确定后，擅自批准调整土地用途、容积率等规划设计条件或者减免土地使用权出让金的；

（四）对未按合同约定支付国有土地使用权出让金或者其他不具备发放国有土地使用证书条件，而为其发放国有土地使用证书的；

（五）有其他违反规定干预和插手经营性土地使用权出让活动行为的。

第五条 领导干部利用职权或者职务上的影响，违反规定干预和插手房地产开发与经营活动，为个人和亲友谋取私利，有下列情形之一的，按照本规定第六条进行处理：

（一）允许不具备房地产开发资质或者资质等级不相符的企业从事房地产开发与经营活动的；

（二）对不符合商品房预售条件的开发项目，为其发放商品房预售许可证的；

（三）对未经验收或者验收不合格的房地产开发项目，允许其交付使用的；

（四）有其他违反规定干预和插手房地产开发用地、立项、规划、建设和销售等行为的。

第六条　领导干部有本规定第三条至第五条行为之一，本人从中收受或者变相收受财物的，依照《中国共产党纪律处分条例》第八十五条处理。

领导干部有本规定第三条至第五条行为之一，其父母、配偶、子女及其配偶以及其他共同生活的家庭成员收受财物的，追究该领导干部的责任，依照《中国共产党纪律处分条例》第七十五条第一款、第三款处理。

领导干部有本规定第三条至第五条行为之一，并指定其他第三人从中收受财物的，追究该领导干部的责任，依照《中国共产党纪律处分条例》第七十五条第二款处理。

第七条　需要给予领导干部行政处分或者其他纪律处分，如有相应处分规定的，从其规定；没有相应处分规定的，参照本规定给予相应的处分。根据实际情况，必要时，还可以对其给予免职或者辞退等组织处理。

第八条　领导干部利用职权或者职务上的影响，干扰、妨碍有关部门对建设工程招标投标、经营性土地使用权出让、房地产开发与经营等市场经济活动中的违纪违法行为进行查处的，依照《中国共产党纪律处分条例》第一百六十三条处理。

第九条　本规定适用于党的机关、人大机关、行政机关、政协机关、审判机关、检察机关中副科级以上领导干部。

人民团体、国有企业、事业单位中相当于副科级以上职务实行管理的领导干部参照执行本规定。

对建设工程招标投标、经营性土地使用权出让、房地产开发与经营等市场经济活动负有管理、监督职责的单位的其他干部参照执行本规定。

第十条 本规定由中共中央纪律检查委员会、监察部负责解释。

第十一条 本规定自发布之日起施行。

国务院办公厅关于加强土地转让管理严禁炒卖土地的通知

1999年5月6日　国办发［1999］39号

各省、自治区、直辖市人民政府，国务院各部委、各直属机构：

《中共中央、国务院关于进一步加强土地管理切实保护耕地的通知》(中发［1997］11号）下发以来，土地管理特别是耕地保护工作得到了加强，取得了一定成效。但是，一些地区仍存在用地秩序混乱、非法转让土地使用权等问题，特别是非法交易农民集体土地的现象比较严重，出现了以开发“果园”、“庄园”为名炒卖土地、非法集资的情况。为进一步加强土地转让管理，防止出现新的“炒地热”，保持农村稳定，保护农民利益，保障经济和社会可持续发展，经国务院总理办公会议审定，现就加强土地转让管理、严禁炒卖土地的有关问题通知如下：

一、严格控制城乡建设用地总量，坚决制止非农建设非法占用土地

城市、村庄、集镇建设一律不得突破土地利用总体规划确定的用地规模，城市新增建设用地和原有建设用地要统一实行总量控制，不得超计划供地；各项建设可利用闲置土地的，必须使用闲置土地，不得批准新占农用地，闲置土地未被充分利用的地区，应核减其下一年度农用地转用指标。

农村居民点要严格控制规模和范围，新建房屋要按照规划审批用地，逐步向中心村和小城镇集中。中心村和小城镇建设要合理布局，统一规划，不得随意征、占农用地。小城镇建设要明确供地方式和土地产权关系，防止发生土地权属纠纷。

乡镇企业用地要严格限制在土地利用总体规划确定的城市和村庄、集镇建设用地范围内，不符合土地利用总体规划的建筑物、构筑物不得改建 、扩建，并结合乡镇企业改革和土地整理逐步调整、集中。

严格控制高速公路服务区用地范围，公路两侧符合条件的农田，必须依法划入基本农田保护区。

二、加强对农民集体土地的转让管理，严禁非法占用农民集体土地进行房地产开发

农民集体土地使用权不得出让、转让或出租用于非农业建设；对符合规划并依法取得建设用地使用权的乡镇企业，因发生破产、兼并等致使土地使用权必须转移的，应当严格依法办理审批手续。

农民的住宅不得向城市居民出售，也不得批准城市居民占用农民集体土地建住宅，有关部门不得为违法建造和购买的住宅发放土地使用证和房产证。

要对未经审批擅自将农民集体土地变为建设用地的情况进行认真清理。凡不符合土地利用总体规划的，要限期恢复农业用途，退还原农民集体土地承包者；符合土地利用总体规划的，必须依法重新办理用地手续。

三、加强对农林开发项目的土地管理，禁止征用农民集体土地进行“果园”、“庄园”等农林开发

农林项目开发必须符合土地利用总体规划和土地利用年度

计划，土地权属和地类必须经过严格认定，任何单位和个人不得在土地利用总体规划确定的禁止开垦区内从事土地开发活动。

进行农林项目开发必须严格按照《中华人民共和国土地管理法》的有关规定办理用地手续，任何单位和个人都不得私自与农村集体经济组织签订用地协议，禁止以征用方式取得农民集体土地进行“果园”、“庄园”等农林开发。

以承包经营方式使用国有土地进行农林项目开发的，必须签订国有土地承包合同，约定双方的权利和义务。

农林项目开发严禁改变农林用途搞别墅、度假屋、娱乐设施等房地产开发，确需配套进行非农建设的，要依法办理建设用地审批手续。属于基本建设项目的，必须严格按照基本建设程序履行审批手续。建设项目经批准后，方可办理建设用地手续，严禁未批先用土地。

四、强化开发用地的监管，禁止利用土地开发进行非法集资

农林开发用地必须依法进行土地登记，明确规划要求和转让、转租的限定条件，未经批准不得擅自进行分割转让、转租。通过出让方式取得的国有土地使用权或以拍卖方式取得的集体所有的未利用土地使用权，在交清全部土地价款、完成前期开发后，方可依法转让、出租、抵押；以租赁或承包等其他方式取得的土地使用权，未经原出租或发包方同意，不得转让、出租、抵押或转包、分包。

人民银行要加强对农林开发项目的信贷管理，加大对以土地开发、土地转让为名进行非法集资行为的监管和查处力度。对未交清土地价款、未取得土地使用权的开发用地，各有关银行不得允许其进行抵押贷款。

工商行政管理机关要加强对开发企业的工商管理，严格核定开发企业经营范围。开发企业不得使用“招商”等不规范用语，不得非法从事金融业务；吸收股东进行土地开发的，不论以出售、转让土地使用权方式，还是以其他方式增加新的股东，均应按《中华人民共和国公司法》的规定办理企业登记注册手续。加强对开发企业经营活动的监管，对超范围经营的开发企业，要坚决查处；对非法集资的企业，一经查实，坚决吊销其营业执照，并依法追究有关当事人的责任。

五、规范国有土地交易活动，制止炒卖土地

商业、旅游、娱乐和豪华住宅等经营性用地，原则上必须以招标、拍卖方式提供。出让土地首次转让、出租、抵押，必须符合法律规定和出让合同约定的条件，不符合条件的不得转让、出租、抵押。划拨土地使用权转让、出租等，必须经有批准权的人民政府批准。

严禁利用建设项目、规划许可证和用地红线图转让等形式变相“炒卖”土地。对已批准立项的建设项目，其建设用地符合土地利用规划的，必须限期办理用地手续。

国有企业改组、改制等涉及土地使用权交易时，不得低价售卖土地，要拟订土地资产处置方案，中央企业要选择减轻中央财政负担的方案，报国务院土地行政主管部门批准。

已购公有住房和经济适用住房入市涉及土地使用权交易的，必须将其中的土地收益依法上缴国家。

六、全面清理土地转让、炒卖土地情况，坚决查处土地使用权非法转让和农民集体土地非法交易的行为

各省、自治区、直辖市人民政府要组织力量对本行政区域内土地转让、炒卖土地情况进行一次全面清理，清理的重点是城乡结合部，特别是公路两侧私搭乱建的违法用地。凡符合土地利用总体规划而未按规定办理有关手续的，必须限期办理，逾期不申报的，按非法占地予以查处。

对现有各种以“果园”、“庄园”名义进行招商和炒卖土地的开发项目进行全面清理。按照“谁批准、谁负责”的原则，妥善处理存在的问题，对违反规定的，要追究有关当事人的责任，构成犯罪的，要移交司法机关追究刑事责任。在清理规范之前，各地要立即停止各类“果园”、“庄园”、“观光农业”等开发项目和用地的审批。要通过完善举报制度、强化舆论和群众监督，及时查处炒卖土地行为，防止死灰复燃。

国务院各有关部门和各省、自治区、直辖市人民政府要认真贯彻落实本通知精神，制定相应的实施办法和相关的实施细则，确保加强土地转让管理、严禁炒卖土地各项规定的落实。

各省、自治区、直辖市人民政府要在1999年12月底前将清理本行政区域内土地转让、炒卖土地的情况向国务院作出报告。国务院责成国土资源部会同有关部门负责本通知贯彻执行情况的监督检查和落实工作，并定期向国务院作出报告。

国务院关于加强国有土地资产管理的通知

2001 年 4 月 30 日　国发［2001］15 号

各省、自治区、直辖市人民政府，国务院各部委、各直属机构：

改革开放以来，随着土地使用制度改革的深化，土地资源的资产价值得到体现，逐步适应城市建设、企业改革、经济结构调整的需要。但目前国有土地资产通过市场配置的比例不高，透明度低；划拨土地大量非法入市，隐形交易；随意减免地价，挤占国有土地收益的现象严重，使得大量应由国家取得的土地收益流失到少数单位和个人手中。这不仅严重影响了对土地的保护和合理开发、利用，而且滋生腐败现象。为加强国有土地资产管理，切实防止国有土地资产流失，现就有关问题通知如下：

一、严格控制建设用地供应总量

严格控制土地供应总量是规范土地市场的基本前提。只有在严格控制土地供应总量的前提下，才能有效发挥市场配置土地资源的基础性作用，充分实现土地资产价值，提高土地资源利用效率。各级政府必须严格执行土地利用总体规划、城市规划和土地利用年度计划，严格控制新增建设用地供应总量。要抓住经济结构调整的有利时机，把土地利用引导到对存量建设用地的调整和改造上来，优化土地利用结构。

各地要加大对闲置土地的处置力度，积极稳妥地解决历史遗留问题，最大限度地减少国有资产的损失。对依法应无偿收回的闲置土地，要坚决收回。

坚持土地集中统一管理，确保城市政府对建设用地的集中统一供应。各地不得违反国家有关规定擅自设立工业园、科技园、开发区等各类园、区，经批准设立的市辖区工业园、科技园、开发区等各类园、区的土地必须纳入所在城市用地统一管理、统一供应。对已经列入城市建设用地范围的村镇建设和乡镇企业用地也要按城镇化要求，统一规划、开发。

为增强政府对土地市场的调控能力，有条件的地方政府要对建设用地试行收购储备制度。市、县人民政府可划出部分土地收益用于收购土地，金融机构要依法提供信贷支持。

二、严格实行国有土地有偿使用制度

严格执行《中华人民共和国土地管理法》、《中华人民共和国城市房地产管理法》关于划拨用地范围的规定，任何单位和个人均不得突破。除法律规定可以采用划拨方式提供用地外，其他建设需要使用国有土地的，必须依法实行有偿使用。国土资源部要依据法律规定，抓紧制订具体的划拨用地目录。

土地使用者需要改变原批准的土地用途、容积率等，必须依法报经市、县人民政府批准。对原划拨用地，因发生土地转让、出租或改变用途后不再符合划拨用地范围的，应依法实行出让等有偿使用方式；对出让土地，凡改变土地用途、容积率的，应按规定补交不同用途和容积率的土地差价。

各地要加强对经济适用住房建设用地的管理。经济适用住房建设用地必须符合土地利用总体规划、城市规划和土地利用年度计划，严格控制占用耕地，严禁开发商以开发经济适用住房名义牟取暴利。要对经济适用住房的建设标准和销售对象作出严格规定，具体办法由建设部制定。

要进一步加强国有土地收益的征收和管理，任何单位和个人均不得减免和挤占挪用土地出让金、租金等土地收益。对于低价出让、租赁土地，随意减免地价，挤占挪用土地收益，造成国有土地资产流失的，要依法追究责任。

三、大力推行国有土地使用权招标、拍卖

为体现市场经济原则，确保土地使用权交易的公开、公平和公正，各地要大力推行土地使用权招标、拍卖。

国有建设用地供应，除涉及国家安全和保密要求外，都必须向社会公开。商业性房地产开发用地和其他土地供应计划公布后同一地块有两个以上意向用地者的，都必须由市、县人民政府土地行政主管部门依法以招标、拍卖方式提供，国有土地使用权招标、拍卖必须公开进行。要严格限制协议用地范围。确实不能采用招标、拍卖方式的，方可采用协议方式。采用协议方式供地的，必须做到在地价评估基础上，集体审核确定协议价格，协议结果向社会公开。

四、加强土地使用权转让管理

土地使用权要依法公开交易，不得搞隐形交易。划拨土地使用权未经批准不得自行转让。出让和承租国有土地使用权首次转让，必须符合法律规定和出让、租赁合同约定的条件。土地使用权交易要在有形土地市场公开进行，并依法办理土地登记。土地行政主管部门要加强对出让、租赁合同的管理，受让人和承租方未付清全部出让金、租金的，不得为其发放土地使用证，未达到法律规定和合同约定的投资开发条件的，土地使用权不得转让。

土地使用权抵押应当依法办理抵押登记。设定房地产抵押权

的土地使用权是以划拨方式取得的，依法拍卖该房地产后，受让人应当依法与土地所在地的土地行政主管部门签订土地使用权出让合同，从拍卖价款中缴纳土地使用权出让金后，抵押权人方可优先受偿。

以营利为目的，房屋所有人将以划拨方式取得国有土地使用权后所建房屋出租的，应将租金中所含土地收益上缴国家。

国有土地使用权转让，转让双方必须如实申报成交价格。土地行政主管部门要根据基准地价、标定地价对申报价格进行审核和登记。申报土地转让价格比标定地价低20%以上的，市、县人民政府可行使优先购买权。

五、加强地价管理

市、县人民政府要依法定期确定、公布当地的基准地价和标定地价，切实加强地价管理。凡尚未确定基准地价的市、县，要按照法律法规规定和统一的标准，尽快评估确定；已经确定基准地价的市、县，要根据土地市场价格变化情况，及时更新。要根据基准地价和标定地价，制定协议出让最低价标准。基准地价、协议出让土地最低价标准一经确定，必须严格执行并向社会公开。各级人民政府均不得低于协议出让最低价出让土地。要抓紧建立全国地价动态监测信息系统，对全国重要城市地价水平动态变化情况进行监测。

六、规范土地审批的行政行为

各级人民政府和土地行政主管部门掌握着土地审批和资产处置权力，责任重大，必须切实加强制度建设，规范行政行为，从制度上杜绝土地资产流失和腐败行为的发生。

（一）坚持政企分开，政事分开。土地行政主管部门一律不得兴办房地产开发公司等企业。土地估价、土地交易代理等中介服务机构必须与行政机关及其所属事业单位脱钩。

（二）坚持规范管理，政务公开。土地行政主管部门建设用地审批管理、土地资产处置等要严格执行办文制度，所有报件和批文均按规定程序办理。要增强服务意识，将办事制度、标准、程序、期限和责任向社会公开。要抓紧建立建设用地信息发布、地价和土地登记资料可查询制度。

（三）坚持内部会审，集体决策。土地行政主管部门内部要尽快健全各类审批事项的内部会审制度。农用地转用、土地征用、用地审批、土地资产处置、供地价格确定等，一律要经过内部会审，集体决策。

国务院各有关部门和各省、自治区、直辖市人民政府要认真贯彻落实本通知精神，制定具体的实施办法，逐步建立和完善各项土地资产管理制度，加强上级政府对下级政府及土地行政主管部门土地资产管理的监督。

地方各级人民政府要组织力量，对行政区域内基准地价和土地资产管理规定执行情况进行检查，重点检查集体决策和结果公开的执行情况，发现问题，要依法及时处理。

国土资源部要会同有关部门负责本通知贯彻执行情况的监督检查和落实工作，重点检查落实各地土地资产管理制度的建立和执行情况，并定期向国务院报告。

国务院关于深化改革严格土地管理的决定

2004 年 10 月 21 日　国发［2004］28 号

各省、自治区、直辖市人民政府，国务院各部委、各直属机构：

实行最严格的土地管理制度，是由我国人多地少的国情决定的，也是贯彻落实科学发展观，保证经济社会可持续发展的必然要求。2003 年以来，各地区、各部门认真贯彻党中央、国务院部署，全面清理各类开发区，切实落实暂停审批农用地转用的决定，土地市场治理整顿取得了积极进展，有力地促进了宏观调控政策的落实。但是，土地市场治理整顿的成效还是初步的、阶段性的，盲目投资、低水平重复建设，圈占土地、乱占滥用耕地等问题尚未根本解决。因此，必须正确处理保障经济社会发展与保护土地资源的关系，严格控制建设用地增量，努力盘活土地存量，强化节约利用土地，深化改革，健全法制，统筹兼顾，标本兼治，进一步完善符合我国国情的最严格的土地管理制度。现决定如下：

一、严格执行土地管理法律法规

（一）牢固树立遵守土地法律法规的意识

各地区、各有关部门要深入持久地开展土地法律法规的学习教育活动，深刻认识我国国情和保护耕地的极端重要性，本着对人民、对历史负责的精神，严格依法管理土地，积极推进经济增长方式的转变，实现土地利用方式的转变，走符合中国国情的新型工业化、城市化道路。进一步提高依法管地用地的意识，要在法律法规允许的范围内合理用地。对违反法律法规批地、占地的，必须承担法律责任。

（二）严格依照法定权限审批土地

农用地转用和土地征收的审批权在国务院和省、自治区、直辖市人民政府，各省、自治区、直辖市人民政府不得违反法律和行政法规的规定下放土地审批权。严禁规避法定审批权限，将单个建设项目用地拆分审批。

（三）严格执行占用耕地补偿制度

各类非农业建设经批准占用耕地的，建设单位必须补充数量、质量相当的耕地，补充耕地的数量、质量实行按等级折算，防止占多补少、占优补劣。不能自行补充的，必须按照各省、自治区、直辖市的规定缴纳耕地开垦费。耕地开垦费要列入专户管理，不得减免和挪作他用。政府投资的建设项目也必须将补充耕地费用列入工程概算。

（四）禁止非法压低地价招商

省、自治区、直辖市人民政府要依照基准地价制定并公布协议出让土地最低价标准。协议出让土地除必须严格执行规定程序外，出让价格不得低于最低价标准。违反规定出让土地造成国有土地资产流失的，要依法追究责任；情节严重的，依照《中华人民共和国刑法》的规定，以非法低价出让国有土地使用权罪追究刑事责任。

（五）严格依法查处违反土地管理法律法规的行为

当前要着重解决有法不依、执法不严、违法不究和滥用行政权力侵犯农民合法权益的问题。要加大土地管理执法力度，严肃查处非法批地、占地等违法案件。建立国土资源与监察等部门联合办案和案件移送制度，既查处土地违法行为，又查处违法责任人。典型案件，要公开处理。对非法批准占用土地、征收土地和非法低价出让国有土地使用权的国家机关工作人员，依照《监察部国土资源部关于违反土地管理规定行为行政处分暂行办法》给予行政处分；构成犯罪的，依照《中华人民共和国刑法》、《中华人民共和国土地管理法》、《最高人民法院关于审理破坏土地资源刑事案件具体应用法律若干问题的解释》和最高人民检察院关于渎职犯罪案件立案标准的规定，追究刑事责任。对非法批准征收、使用土地，给当事人造成损失的，还必须依法承担赔偿责任。

二、加强土地利用总体规划、城市总体规划、村庄和集镇规划实施管理

（六）严格土地利用总体规划、城市总体规划、村庄和集镇规划修改的管理

在土地利用总体规划和城市总体规划确定的建设用地范围外，不得设立各类开发区（园区）和城市新区（小区）。对清理后拟保留的开发区，必须依据土地利用总体规划和城市总体规划，按照布局集中、用地集约和产业集聚的原则严格审核。严格土地利用总体规划的修改，凡涉及改变土地利用方向、规模、重大布局等原则性修改，必须报原批准机关批准。城市总体规划、村庄和集镇规划也不得擅自修改。

（七）加强土地利用计划管理

农用地转用的年度计划实行指令性管理，跨年度结转使用计划指标必须严格规范。改进农用地转用年度计划下达和考核办法，对国家批准的能源、交通、水利、矿山、军事设施等重点建设项目用地和城、镇、村的建设用地实行分类下达，并按照定额指标、利用效益等分别考核。

（八）从严从紧控制农用地转为建设用地的总量和速度

加强农用地转用审批的规划和计划审查，强化土地利用总体规划和土地利用年度计划对农用地转用的控制和引导，凡不符合规划、没有农用地转用年度计划指标的，不得批准用地。为巩固土地市场治理整顿成果，2004 年农用地转用计划指标不再追加；对过去拖欠农民的征地补偿安置费在 2004 年年底前不能足额偿还的地方，暂缓下达该地区 2005 年农用地转用计划。

（九）加强建设项目用地预审管理

凡不符合土地利用总体规划、没有农用地转用计划指标的建设项目，不得通过项目用地预审。发展改革等部门要通过适当方式告知项目单位开展前期工作，项目单位提出用地预审申请后，国土资源部门要依法对建设项目用地进行审查。项目建设单位向发展改革等部门申报核准或审批建设项目时，必须附国土资源部门预审意见；没有预审意见或预审未通过的，不得核准或批准建设项目。

（十）加强村镇建设用地的管理

要按照控制总量、合理布局、节约用地、保护耕地的原则，编制乡（镇）土地利用总体规划、村庄和集镇规划，明确小城镇和农村居民点的数量、布局和规模。鼓励农村建设用地整理，城镇建设用地增加要与农村建设用地减少相挂钩。农村集体建设用地，必须符合土地利用总体规划、村庄和集镇规划，并纳入土地利用年度计划，凡占用农用地的必须依法办理审批手续。禁止擅自通过“村改居”等方式将农民集体所有土地转为国有土地。禁止农村集体经济组织非法出让、出租集体土地用于非农业建设。改革和完善宅基地审批制度，加强农村宅基地管理，禁止城镇居民在农村购置宅基地。引导新办乡村工业向建制镇和规划确定的小城镇集中。在符合规划的前提下，村庄、集镇、建制镇中的农民集体所有建设用地使用权可以依法流转。

（十一）严格保护基本农田

基本农田是确保国家粮食安全的基础。土地利用总体规划修编，必须保证现有基本农田总量不减少，质量不降低。基本农田要落实到地块和农户，并在土地所有权证书和农村土地承包经营权证书中注明。基本农田保护图件备案工作，应在新一轮土地利用总体规划修编后三个月内完成。基本农田一经划定，任何单位和个人不得擅自占用，或者擅自改变用途，这是不可逾越的“红线”。符合法定条件，确需改变和占用基本农田的，必须报国务院批准；经批准占用基本农田的，征地补偿按法定最高标准执行，对以缴纳耕地开垦费方式补充耕地的，缴纳标准按当地最高标准执行。禁止占用基本农田挖鱼塘、种树和其他破坏耕作层的活动，禁止以建设“现代农业园区”或者“设施农业”等任何名义，占用基本农田变相从事房地产开发。

三、完善征地补偿和安置制度

（十二）完善征地补偿办法

县级以上地方人民政府要采取切实措施，使被征地农民生活水平不因征地而降低。要保证依法足额和及时支付土地补偿费、安置补助费以及地上附着物和青苗补偿费。依照现行法律规定支付土地补偿费和安置补助费，尚不能使被征地农民保持原有生活水平的，不足以支付因征地而导致无地农民社会保障费用的，省、自治区、直辖市人民政府应当批准增加安置补助费。土地补偿费和安置补助费的总和达到法定上限，尚不足以使被征地农民保持原有生活水平的，当地人民政府可以用国有土地有偿使用收入予以补贴。省、自治区、直辖市人民政府要制订并公布各市县征地的统一年产值标准或区片综合地价，征地补偿做到同地同价，国家重点建设项目必须将征地费用足额列入概算。大中型水利、水电工程建设征地的补偿费标准和移民安置办法，由国务院另行规定。

（十三）妥善安置被征地农民

县级以上地方人民政府应当制定具体办法，使被征地农民的长远生计有保障。对有稳定收益的项目，农民可以经依法批准的建设用地土地使用权入股。在城市规划区内，当地人民政府应当将因征地而导致无地的农民，纳入城镇就业体系，并建立社会保障制度；在城市规划区外，征收农民集体所有土地时，当地人民政府要在本行政区域内为被征地农民留有必要的耕作土地或安排相应的工作岗位；对不具备基本生产生活条件的无地农民，应当异地移民安置。劳动和社会保障部门要会同有关部门尽快提出建立被征地农民的就业培训和社会保障制度的指导性意见。

（十四）健全征地程序

在征地过程中，要维护农民集体土地所有权和农民土地承包经营权的权益。在征地依法报批前，要将拟征地的用途、位置、补偿标准、安置途径告知被征地农民；对拟征土地现状的调查结果须经被征地农村集体经济组织和农户确认；确有必要的，国土资源部门应当依照有关规定组织听证。要将被征地农民知情、确认的有关材料作为征地报批的必备材料。要加快建立和完善征地补偿安置争议的协调和裁决机制，维护被征地农民和用地者的合法权益。经批准的征地事项，除特殊情况外，应予以公示。

（十五）加强对征地实施过程监管

征地补偿安置不落实的，不得强行使用被征土地。省、自治区、直辖市人民政府应当根据土地补偿费主要用于被征地农户的原则，制订土地补偿费在农村集体经济组织内部的分配办法。被征地的农村集体经济组织应当将征地补偿费用的收支和分配情况，向本集体经济组织成员公布，接受监督。农业、民政等部门要加强对农村集体经济组织内部征地补偿费用分配和使用的监督。

四、健全土地节约利用和收益分配机制

(十六) 实行强化节约和集约用地政策

建设用地要严格控制增量，积极盘活存量，把节约用地放在首位，重点在盘活存量上下功夫。新上建设项目首先要利用现有建设用地，严格控制建设占用耕地、林地、草原和湿地。开展对存量建设用地资源的普查，研究制定鼓励盘活存量的政策措施。各地区、各有关部门要按照集约用地的原则，调整有关厂区绿化率的规定，不得圈占土地搞“花园式工厂”。在开发区（园区）推广多层标准厂房。对工业用地在符合规划、不改变原用途的前提下，提高土地利用率和增加容积率的，原则上不再收取或调整土地有偿使用费。基础设施和公益性建设项目，也要节约合理用地。今后，供地时要将土地用途、容积率等使用条件的约定写入土地使用合同。对工业项目用地必须有投资强度、开发进度等控制性要求。土地使用权人不按照约定条件使用土地的，要承担相应的违约责任。在加强耕地占用税、城镇土地使用税、土地增值税征收管理的同时，进一步调整和完善相关税制，加大对建设用地取得和保有环节的税收调节力度。

(十七) 推进土地资源的市场化配置

严格控制划拨用地范围，经营性基础设施用地要逐步实行有偿使用。运用价格机制抑制多占、滥占和浪费土地。除按现行规定必须实行招标、拍卖、挂牌出让的用地外，工业用地也要创造条件逐步实行招标、拍卖、挂牌出让。经依法批准利用原有划拨土地进行经营性开发建设的，应当按照市场价补缴土地出让金。经依法批准转让原划拨土地使用权的，应当在土地有形市场公开

交易，按照市场价补缴土地出让金；低于市场价交易的，政府应当行使优先购买权。

（十八）制订和实施新的土地使用标准

依照国家产业政策，国土资源部门对淘汰类、限制类项目分别实行禁止和限制用地，并会同有关部门制订工程项目建设用地定额标准，省、自治区、直辖市人民政府可以根据实际情况制订具体实施办法。继续停止高档别墅类房地产、高尔夫球场等用地的审批。

（十九）严禁闲置土地

农用地转用批准后，满两年未实施具体征地或用地行为的，批准文件自动失效；已实施征地，满两年未供地的，在下达下一年度的农用地转用计划时扣减相应指标，对具备耕作条件的土地，应当交原土地使用者继续耕种，也可以由当地人民政府组织耕种。对用地单位闲置的土地，严格依照《中华人民共和国土地管理法》的有关规定处理。

（二十）完善新增建设用地土地有偿使用费收缴办法

新增建设用地土地有偿使用费实行先缴后分，按规定的标准就地全额缴入国库，不得减免，并由国库按规定的比例就地分成划缴。审计部门要加强对新增建设用地土地有偿使用费征收和使用的监督检查。对减免和欠缴的，要依法追缴。财政部、国土资源部要适时调整新增建设用地土地有偿使用费收取标准。新增建设用地土地有偿使用费要严格按法定用途使用，由中央支配的部分，要向粮食主产区倾斜。探索建立国有土地收益基金，遏制片面追求土地收益的短期行为。

五、建立完善耕地保护和土地管理的责任制度

（二十一）明确土地管理的权力和责任

调控新增建设用地总量的权力和责任在中央，盘活存量建设用地的权力和利益在地方，保护和合理利用土地的责任在地方各级人民政府，省、自治区、直辖市人民政府应负主要责任。在确保严格实施土地利用总体规划，不突破土地利用年度计划的前提下，省、自治区、直辖市人民政府可以统筹本行政区域内的用地安排，依照法定权限对农用地转用和土地征收进行审批，按规定用途决定新增建设用地土地有偿使用费地方分成部分的分配和使用，组织本行政区域内耕地占补平衡，并对土地管理法律法规执行情况进行监督检查。地方各级人民政府要对土地利用总体规划确定的本行政区域内的耕地保有量和基本农田保护面积负责，政府主要领导是第一责任人。地方各级人民政府都要建立相应的工作制度，采取多种形式，确保耕地保护目标落实到基层。

（二十二）建立耕地保护责任的考核体系

国务院定期向各省、自治区、直辖市下达耕地保护责任考核目标。各省、自治区、直辖市人民政府每年要向国务院报告耕地保护责任目标的履行情况。实行耕地保护责任考核的动态监测和预警制度。国土资源部会同农业部、监察部、审计署、统计局等部门定期对各省、自治区、直辖市耕地保护责任目标履行情况进行检查和考核，并向国务院报告。对认真履行责任目标，成效突出的，要给予表彰，并在安排中央支配的新增建设用地土地有偿使用费时予以倾斜。对没有达到责任目标的，要在全国通报，并责令限期补充耕地和补划基本农田。对土地开发整理补充耕地的情况也要定期考核。

（二十三）严格土地管理责任追究制

对违反法律规定擅自修改土地利用总体规划的、发生非法占用基本农田的、未完成耕地保护责任考核目标的、征地侵害农民合法权益引发群体性事件且未能及时解决的、减免和欠缴新增建设用地土地有偿使用费的、未按期完成基本农田图件备案工作的，要严肃追究责任，对有关责任人员由上级主管部门或监察机关依法定权限给予行政处分。同时，上级政府要责令限期整改，整改期间暂停农用地转用和征地审批。具体办法由国土资源部会同有关部门另行制订。实行补充耕地监督的责任追究制，国土资源部门和农业部门负责对补充耕地的数量和质量进行验收，并对验收结果承担责任。省、自治区、直辖市国土资源部门和农业部门要加强监督检查。

（二十四）强化对土地执法行为的监督

建立公开的土地违法立案标准。对有案不查、执法不严的，上级国土资源部门要责令其作出行政处罚决定或直接给予行政处罚。坚决纠正违法用地只通过罚款就补办合法手续的行为。对违法用地及其建筑物和其他设施，按法律规定应当拆除或没收的，不得以罚款、补办手续取代；确需补办手续的，依法处罚后，从新从高进行征地补偿和收取土地出让金及有关规费。完善土地执法监察体制，建立国家土地督察制度，设立国家土地总督察，向地方派驻土地督察专员，监督土地执法行为。

（二十五）加强土地管理行政能力建设

2004年年底以前要完成省级以下国土资源管理体制改革，理顺领导干部管理体制、工作机制和加强基层队伍建设。市、县人民政府要保证基层国土资源管理所机构、编制、经费到位，切实发挥基层国土资源管理所在土地管理执法中的作用。国土资源部要会同有关部门抓紧建立和完善统一的土地分类、调查、登记和统计制度，启动新一轮土地调查，保证土地数据的真实性。组织实施“金土工程”。充分利用现代高新技术加强土地利用动态监测，建立土地利用总体规划实施、耕地保护、土地市场的动态监测网络。

各地区、各有关部门要以“三个代表”重要思想为指导，牢固树立科学发展观和正确的政绩观，把落实好最严格的土地管理制度作为对执政能力和依法行政能力的检验。高度重视土地的保护和合理利用，认真总结经验，积极推进土地管理体制改革，不断完善土地法制，建立严格、科学、有效的土地管理制度，维护好广大人民群众的根本利益，确保经济社会的可持续发展。